Sananda spricht

23 Durchsagen über unser wahres Sein,
die Veränderungen, die jetzt geschehen werden und
wie wir (da)mit (um)gehen dürfen

Empfangen und aufgeschrieben von
Joachim Hausmann

„Wir wünschen nichts sehnlicher,
als euch ins Licht zu begleiten“
Sananda

Raphaela,
meiner spirituellen Lehrerin,
Heilerin und Partnerin
in Dankbarkeit von Herzen
gewidmet

Impressum

Alte Darmstädter Straße 44b
64367 Mühltal/Trautheim
Telefon (06151) 6011353
Telefax (06151) 917846

Rheingoldstraße 1
55413 Manubach
www.kamasha.de
www.kamasha-verlag.de

Originalausgabe
1. Auflage September 2003
3. Auflage Juni 2006

ISBN-10: 3-936767-30-0
ISBN-13: 978-3-936767-30-8
Printed in Germany

Verleger:
Kamasha Verlag

Gestaltung und Satz:
Sonja Freimuth, Bingen
Unter Verwendung des Titelbildes:
© Hans Georg Leiendecker,
Mönchengladbach

Druck und Verarbeitung:
Druckerei Sonnenschein, Hersbruck

Vorwort zur 2. Auflage

Viele hat Sananda durch dieses Buch erreicht, viele haben sich bei mir gemeldet um persönliche Hilfe durch Sananda zu erhalten. Neue Energien haben die Erde erreicht und die Bewusstwerdungsprozesse intensiviert. „Sananda spricht" ist nach wie vor eine Hilfe, die kraftvollen Veränderungen auf unserem Planeten zu verstehen und ist eine Führung durch diese Zeit. Mehr und mehr wachsen Klarheit und Wahrheit auf der Erde. Mögen die Menschen erkennen, dass viele der unangenehmen Ereignisse Heilung, Bewusstwerdung und Dimensionswechsel mit sich bringen.

Mögen Freudenklänge und der Jubel über das Erkennen des neuen Erdzeitalters das Ächzen über die Übergangsbeschwerden übertönen. Möge Freude alle Herzen erreichen und zum Aufstieg begeistern.

Möge nun kommen, was da kommen will.
Es steht eine wunderbare Zeit vor unserer Tür.
Jetzt gilt es einzutreten.

Ich danke Sananda dafür, dass ich ausgewählt worden bin, dieses Buch zu empfangen und weiterzugeben.

Mühltal im Dezember 2004
Joachim Hausmann

Inhaltsverzeichnis

Kapitel 1

Begrüßung

Ihr seid geliebt über alles, liebe Kinder des Lichts. Ich bin immer bei euch gewesen, nie waren wir voneinander getrennt, nie habe ich euch aus meinen Augen gelassen. Ihr seid geliebt über alles, wie ihr es immer wart. Ihr werdet unermesslich geliebt. Ihr seid die Saat des Lichts, aus der wir das neue Zeitalter hervorbringen werden. Ihr seid die irdischen Überbringer des Lichts aus den Reichen des göttlichen Lichtes. Ihr seid die in Körpern manifestierten Energien, durch die wir unser Licht auf die Erde bringen. Ihr, die ihr dies lest, seid die Sprachrohre Gottes, die Lichtträger, die rund um den Planeten das Dunkel erhellen werden, ihr seid die Heiler der Menschen und seid Heiler jenes Geistes, der gegenwärtig die Erde noch in seiner Hand hält. Glaube keiner von euch, der diese meine Worte liest, dass ein Zufall, ein Versehen oder ein unbeabsichtigtes Ereignis verantwortlich sei dafür, dass diese Worte ihn erreichen. Nichts ist unbeabsichtigt! Alles ist beabsichtigt. Alles, was euch zufällt, fällt euch durch unser Tun und durch eure Offenheit zu. Wer offen ist für seinen Auftrag, dem wird zufallen, was wir ihm zukommen lassen. Wer ganz offen ist, wer sein Herz weit geöffnet hat und seine Bereitschaft erklärt, uns anzunehmen, dem fällt es spielend leicht zu. Wer voll Vertrauen offen und bereit ist, von uns zu empfangen, jederzeit anzunehmen, was von uns kommt, dem geben wir im Schlaf. Bittet darum, dass euch im Schlaf gegeben wird. Welch ein Geschenk, das wir euch in dieser Zeit so zahlreich überreichen! Nehmet an mit Dank und erkennt die Freude, die jedes unserer Geschenke in euch auslöst.

Ich bin Sananda.

Kapitel 2

Ihr seid das Licht der Welt

Seid gegrüßt, ihr Lieben, ihr Kinder des Lichts!

So danken wir euch, dass ihr wieder Verbindung hergestellt habt zu uns. So danken wir euch, denn von unserer Seite besteht allezeit Bereitschaft, euch, Kindern des Lichts, einzugeben und durchzugeben, was eure nächsten Schritte sein werden, durch die wir euch begleiten möchten.

Seid euch dessen bewusst, Kinder des Lichts, dass wir, die wir aus dem Lichte mit euch kommunizieren, euch Kinder des Lichts nennen. Lasset los von dem alten Glauben, dass ihr unwert seid, dass ihr gering seid, dass ihr Sünder seid, Sünder und nur Sünder! Nein, unsere Sicht und unsere Wahrheit von euch ist nicht die der Erniedrigung, sie ist die der Klarheit und der Wahrheit. So wenden wir uns an euch, die ihr Licht sucht, Licht sammelt, Licht verbreitet, dass ihr den Prozess der Wandlung, den Prozess des nächsten Evolutionsschritts auf der Erde vollzieht und vorwärts bringt.

Wir als körperlose Wesen besitzen in diesem Zustand unseres Seins nicht die Möglichkeit, so zu wirken, wie ihr wirken könnt. Legt ab den falschen Glauben, dass ihr nicht in der Lage seid, den neuen Himmel und die neue Erde mit herbeizuwünschen, herbeizusehnen und herbeizumagnetisieren. Euch, ihr lieben Kinder des Licht, euch ist es gegeben, eure Größe wiederzuerkennen, anzuerkennen, anzunehmen und euch als Teil des Göttlichen Lichts zu begreifen. IHR SEID DAS LICHT DER WELT, das überaus große Wirkung vollbringt, denn ihr seid mit Körpern ausgestattet, um aus euren Körpertempeln heraus als Körper gewordenes Licht Gottes

Licht auf der Erde zu verkörpern. Wir, ihr Lieben, sind körperlos und können diese Art von Arbeit nicht vollbringen!

So seid euch wieder eurer Größe bewusst, dass ihr, da ihr irdische Körpertempel besitzt, großen Einfluss habt auf das, was in der gegenwärtigen und in der kommenden Zeit geschieht. Auch Mutter Erde arbeitet an der Veränderung. Auch die Strahlung und Schwingung, die wir von außen allem schicken, was auf der Erde ist, wirkt mit an diesem Prozess.

Dennoch bleibt es sowohl uns als auch der Erde verwehrt, denjenigen Einfluss auf den Evolutionsprozess auszuüben, den ihr Menschenkinder des Lichts zur Verfügung habt. So erkennet eure Einzigartigkeit im Gefüge des Gesamtplans und suchet das Licht, nehmt es in euch auf und strahlt es aus! Strahlt es aus durch alle eure Energiekörper, deren Reinigung durch Aufnahme von Licht augenblicklich stattfindet. Alles, alles auf der Erde wird sich ändern. Nichts kann bleiben, wie es ist, deshalb seid bereit, alles, alles an Veränderung zuzulassen, was euch zu Veränderung führen will.

Habet keine Angst, denn wir führen euch, die ihr diese Worte gefunden habt, wir führen euch aus dem Alten in die Veränderung. Seid euch immer bewusst, dass das Auffinden dieser unserer Worte, dass eure Begegnung mit diesen Worten für euch ein sicheres Zeichen ist, dass ihr das Licht gefunden habt. Seid euch gewiss und jubelt vor Freude, dass euch dieses Zeichen gegeben ist: Indem ihr euch mit diesen Worten verbindet, auf welche Art auch immer, habt ihr ein Zeichen von uns, dass ihr gegenwärtig im Lichte seid und dass wir nichts mehr wünschen, als euch begleiten und führen zu dürfen durch alles Kommende.

Wir sagen nicht: Ihr seid auserwählt! Wir sagen: Ihr habt das Licht gewählt! Ihr habt das Licht gefunden! Ihr habt das Licht in euch, eure Göttlichkeit wiedergefunden. Ihr habt über das Dunkel gesiegt.

Und so tragt das Licht, tragt es bewusst und lasst euer Licht wirken auf alle und alles, was euch auf der Erde begegnet. Scheinbar unmerklich wird sich alles um euch verändern, indem ihr euer Licht ausstrahlt. Ihr verändert die Erde. Ihr seid Baumeister der planetaren Evolution, die sich begonnen hat zu entfalten. Entfalte dich, entfalte dein Licht in dir, und du wirst dein Umfeld in ungekanntem Ausmaß nach und nach zur Entfaltung bringen. Das sind die Worte, die geschrieben stehen, dass der Sauerteig sich mehr und mehr vervielfacht; dass ein kleines Teil das Ganze nach und nach durchdringt. Das sind auch unsere Worte von der Selbstliebe, die die Nächstenliebe zur Folge hat, und das ist das Bild von jener einzelnen Kerze, die ihr Licht weitergibt und ihre Flamme an weitere Kerzen abgibt, bis alle Kerzen auf der ganzen Erde von diesem einen Licht ihr Feuer erhalten haben und jede Kerze ihr Licht verstrahlt.

So freue dich nun darüber, dass du nun weißt, dass du Licht bist, freue dich darüber, dass dir durch dieses Zeichen die Göttlichkeit in dir durch uns bestätigt wird, und gib nun dein Licht weiter in der Weise, wie es nur den Lichtkindern der Erde möglich ist.

Du bist gesegnet.
Du bist Licht.
Du wirst von uns geführt.
Du wirst unendlich geliebt.

Sananda

Kapitel 3

Die Dinge, die jetzt zu Ende gehen

Wir sind Sananda und grüßen euch aus den Reichen des Lichts. Wir suchen euer Ohr und euer Herz zu erreichen.

So gibt es zahlreiche Dinge, die euer gegenwärtiges Leben bestimmen, Dinge, die euch schwer vorkommen, die euch belasten, die in eurem Leben Kraft und Energie verzehren. So kennt ihr sie alle, diese Ereignisse, die periodischen, die Ereignisse, die ihr planmäßig auf euch zukommen seht, die scheinbar unabwendbaren Geschehnisse, die zyklisch oder unzyklisch euer Leben in ein unvorhersehbares Auf und Ab verwandeln, denen ihr euch ausgeliefert seht.

Diese Schwere des Erdenlebens soll nun ein Ende finden bei jedem, der sich danach sehnt und der sich darauf einlassen will, all die bisherigen Lebensumstände hinter sich zu lassen. So gehet nur vorwärts den Weg, den wir euch zeigen möchten, der euch bestimmt ist, mit Freude und zunehmender Erleichterung zu gehen, Schritt für Schritt. Lasst euch ein auf das Neue, das wir aufzeigen, indem wir an euer Ohr und eure Herzen uns wenden, damit gewendet wird, was in euch unabwendbar bevorsteht. Wer diese Wendung nicht mitvollzieht, der wird im Neuen nicht bestehen können, denn die Energie des Neuen ist so ausgerichtet, dass nur der sie ertragen kann, der sie annimmt, der sie in sich aufnimmt, der Eins wird mit ihr und somit kongruent die neue Erde beschreitet, sich im Neuen befindend, in seinem Inneren wie im Außen.

So kann kein Wesen das Wasser verlassen, das ihn seit Inkarnationen umgeben hat, da es die Erde seit Tausenden von Jahren bedeckt hat, und nun an Land gehen, ohne dabei trocken zu werden. So ist es von Bedeutung, dass es annimmt die Ausstattung mit einer neuen Körperoberfläche, damit es nicht austrocknet, und mit neuen Atmungsorganen versehen wird, damit es nicht erstickt, und es erhält neue Fortbewegungsorgane, damit es auf dem festen Boden sicher stehen und gehen kann. So werdet ihr nun nach und nach ausgestattet mit allem, was die neue Evolutionsstufe für euch erfordert.

So seid nicht verzweifelt, wenn ihr merkt, dass die alten Lehren nicht mehr stimmen, seid nicht verzweifelt, wenn das, was ihr gelernt habt, nicht mehr gilt. Es ist wahr, dass die Zeit der Wandlung und des Umbruchs bereits stattfindet und was seit langem für euch gegolten hat, nun seine Wirkung verfehlt.

Und so sage ich euch noch einmal: Ihr habt keine Wahl, das Neue anzunehmen oder im Alten umzukommen. Dies wird auch geschehen in Reinigungs- und Klärungsereignissen, die ihr Katastrophen nennt. Diejenigen, die vom Alten sind, werden sagen, es sei nicht möglich, dass alle, die das gleiche Schicksal der kollektiven Todesart erfahren, zufällig beisammen sind und dass sie alle die gleichen emotionalen oder mentalen Blockaden hätten. Doch ist es die Wahrheit, dass alle, die auf die gleiche Art – sei es durch Feuer, sei es von Wasser, Erde oder Sturm, sei es von Epidemie – von der Erde genommen werden, alle verbindet sie die Gleichartigkeit ihrer Blockaden, und somit ist auch zwangsläufig ihr Reinigungsmodus der gleiche. Doch ich sage euch: Wer im Lichte ist, der kann erkennen, wie die göttliche Führung zusammenführt Gleiches und Gleiche und wie die Bauern Spelzen und Stroh zusammentragen, um es dem Feuer zu geben, und wie die Fischer die ungenießbaren Fische ins Meer zurückgeworfen haben, so wird Gott die einen hier und die anderen dort zusammenführen, um sie über den Reinigungsweg ihrer Art neuen Übungsmöglichkeiten zuzuführen.

All diese Dinge, meine Lieben, sind von Gott gewollt und von Gott geplant und unterliegen vor Äonen geschaffenen Abläufen, die unabänderlich sind.

So seid gewiss, dass wir euch diese Mitteilungen jetzt geben, jetzt, wo ihr in die Endphase der Zeit in die Veränderung kommt, damit diese Worte euch erreichen und ihr die scheinbaren Widernisse eurer Gegenwart nicht als Störung im geregelten menschlichen Lebenszyklus erlebt, sondern als ein Aufgewecktwerden zum Aufbruch in das neue Zeitalter. So werden es immer mehr Ereignisse werden, die euer Erwartungsmechanismus nicht verkraften wird, weil eure Erwartung nicht zu dem passt, was tatsächlich geschieht. So nehmt dies alles als sichtbare Zeichen der sich ändernden Erde.

Ihr, die ihr dies lest, seid diesen unseren Worten zugeführt worden, denn ihr seid in der Lage, diese Veränderungen zu erkennen als Zeichen der Endzeit des Alten Zeitalters, ihr seid in der Lage, euch einzulassen auf alle Veränderung, die euch innen wie außen auf das Neue vorbereiten will. Es hilft euch nicht, wenn ihr euch in der neuen Evolutionsstufe immer wieder von außen nass halten wollt, weil ihr glaubt, ihr kämet aus dem Wasser und ihr müsstet außen immer nass sein. Nein, ich sage euch, der neue Mensch ist ein Wesen, das ihr mit dem alten Menschen nicht vergleichen sollt. Ihr sollt in ihm sehen die Schönheit und das Licht, seine reine Wahrheit und sein leichtes Leben, frei von aller Polarität und von Spannungen, über die er sich durch seine Meisterschaft erhoben hat.

Und dieses Sich-Erhoben-Haben bedeutet: sich erheben ins Licht. So seid euch auch hier wieder bewusst, ihr Lieben, dass ihr aufsteigt, es ist euer Aufstieg, es ist *euer* Tun, es wird von *euch* vollbracht. Und so seid doch nicht verzagt, sondern seid in Freude, dass wir euch heute wieder sagen: Ihr seid mit so viel Göttlichkeit ausgestattet, dass ihr diesen Aufstieg *selbst* vollziehen könnt.

Ihr werdet nicht als ein Ertrinkender aus den Fluten des Lebens am Arm herausgezogen, ihr werdet mit diesen unseren Worten angewiesen, die richtigen Schwimmbewegungen zu machen, damit ihr fähige Schwimmer seid, um – habt ihr erst einmal dieses nasse Metier durch euer Können gemeistert – sodann am Land die nächste Evolutionsstufe in Empfang zu nehmen.

So sind wir allezeit bereit – erscheine euch eure Not auch noch so groß und wolltet ihr gar in eurer Ver-zwei-flung am liebsten euer Leben beenden wollen –, wir sind allezeit bereit, euch mit Licht und Führung beizustehen. Denn niemand muss untergehen, wenn er uns, Sananda, um Licht, Hilfe und Führung ruft. Niemand von euch, ihr Lieben, wird von uns vergessen, niemand von euch wird von uns zurückgelassen, solange ihr euch der Führung durch uns anvertraut habt.

Seid also nicht verzagt und seid wachsam wie jene Jungfrauen, die die Zeichen der Zeit erkannt haben und sehen, welche Veränderungen ihnen sich entgegenzustellen scheinen und wie sie sie in ihr Leben integrieren. Nicht der, der der Woge auszuweichen sucht, sondern der, der die Woge, die auf ihn zukommt, zu meistern geübt hat, wird dieses

Leben in Meisterschaft fortsetzen. Wer aber versucht, der Woge, die auf ihn zukommt, auszuweichen, sieht sofort die nächste Woge vor sich erheben.

Ihr werdet unermesslich geliebt.
Unsere Freude begleitet euch
bei jedem Schritt, den ihr voranschreitet.
Wir grüßen euch aus den Reichen des Lichts.
Wir sind immer bei euch.

Kapitel 4

Gehet den letzten Schritt in der Zeit des Übergangs in Freude

Dies ist Sananda, der zu euch spricht.

Hört meine Lieben, was wir euch durchgeben für die künftige Zeit. Hört ihr, die ihr geführt werdet von uns, dies in euch aufzunehmen.

Wir wissen wohl, dass ihr euch Sorgen macht um das, was vor euch steht. Wohl habt ihr erkannt, dass Veränderungen großen Ausmaßes den Planeten und die Menschen und ihre Seelen erreichen werden. Ihr, die ihr Anschluss genommen habt an uns, ahnt in ununterbrochener Wahrnehmung, dass diese großen Dinge unaufhaltsam auf euch zukommen. Wie alles, was euch Menschen fremd ist, argwöhnt ihr, fürchtet ihr, es ängstigt euch.

Euch aber, die ihr das Licht in euch gefunden habt, und euch, die ihr das Licht in euch sucht, sage ich: Seid ohne Furcht. So ist es doch das tiefe Wissen in euch, das Erwarten und Herbeisehen, das euch bewegt. Entdecket die Freude in Euch, dass die Dinge sich nun wenden werden, auf die ihr Inkarnation um Inkarnation und Lebenszeit um Lebenszeit gewartet habt. Ja, es ist jene große Zeit am Ende der Zeit, die jetzt sich vollzieht. Erkennt die freudige Erwartung in euch und lasset nicht zu, dass sie von vordergründigen Ängsten des Tagesbewusstseins überlagert wird. Geht in eure tiefe Freude des Erkennens dessen, was nun endlich für euch gekommen ist. Denn hierin liegt in Wahrheit: die Freude, das Aufgeregtsein über das, was lange schon angekündigt, nun erscheinen und eintreten will. Suchet die Freude in euch immer und immer wieder, denn sie ist die Hilfe, die euch bereitsteht, das Neue zu empfangen. Sie ist die Hilfe, die euch dazu führt, das Neue anzunehmen. Sie ist die Macht, die euch gegeben ist, das Alte loszulassen. Loszulassen das, was ihr ins neue Zeitalter nicht hinübernehmen könnt. So seid in der Freude immerzu, in der Freude aus euch heraus. Wir können euch nur immer wieder zurufen: Freuet euch, die Wende vollzieht sich, die Zeit der alten Polarität ist in Auflösung, und wer daran festhält, wird mit ihr dorthin verschwinden, wo ihm Gelegenheit gegeben wird, zu einem späteren Zeitpunkt diesen Schritt zu vollziehen, den er jetzt nicht vollziehen wollte. Freut euch und danket dafür, dass ihr diese Zeit jetzt auf der Erde verbringen dürft. Denn nur wer jetzt auf Erden inkarniert ist, ist bereit, diesen Schritt ins Neue zu tun. Nicht alle, wie ihr wisst, werden sich jetzt an ihre Fähigkeit des Loslassens und Mitgehens erinnern und werden kämpfen gegen das Neue und in Kraftlosigkeit, in Erschöpfung fallen und werden von uns hinübergenommen auf einen anderen Planeten, wo ihnen neue Möglichkeiten des Wachsens gegeben werden.

So freut euch und seid in großer Freude über jene Veränderungen, die andere ängstigen, und seid beweglich, seid in Bewegung mitzugehen, wohin euch eure Lebenssituationen führen. So ist der göttliche Plan so vollkommen, dass ein jeder von euch die letzten Gelegenheiten bekommt, um frei zu sein für die neue Energie des neuen Zeitalters. Wer nicht frei ist, kann die Energie des Neuen Zeitalters nicht ertragen, er wird sie meiden und sich zurückziehen in Verzweiflung, in Krankheit, in das, was ihr Katastrophen nennt, in denen ganze Kollektive von Gleichgesinnten von der Erde genommen werden.

So zieht ihr an das Neue, indem ihr euch in die Freude dessen begebt, was euch erwartet, in die Freude dessen, was ihr erwartet. Ihr bereitet mit eurer Freude die Anziehungskraft für diesen euren wunderbaren Planeten, das Neue herbeizumagnetisieren. Denn Freude ist magnetisch. Freude zieht an.

Und so ist es kein Zufall, dass diese Durchsage euch an dem Weihnachtsfest[1)] erreicht. Denn mit unserer Geburt als Jesus Christus ist jener magnetische Kraftpunkt auf die Erde gebracht worden, der sich – für euch unsichtbar – immer weiter ausgedehnt hat, auch im Gegenpol, um das irdische Gesetz der Balance zwischen den Polen auszubalancieren und kommt nun in die Vollendung. So dürft ihr zwischen unserer Inkarnation vor 2000 Jahren und der Jetztzeit eine Polachse legen, die, wenn für euch auch bedrohlich erscheinend, in Verbindung mit der „Achse des Bösen" gesehen werden darf. Geht es hier doch um Ausgleichung von Polarität, geht es um die Ausgleichung von Anfang und Ende.

So sagen wir es noch einmal, und wir möchten es euch heute mit der gleichen frohen Botschaft von damals sagen, jener Botschaft der Engel und auch der Hirten, die dies unmittelbar empfangen haben – auch wenn deren Botschaft im Laufe der Zeit unterdrückt worden ist –, das Ende dieser Zeit ist nahe, nehmt an die Göttlichkeit in euch, verbreitet euer Licht um Euch, kläret euch, damit ihr mitgehen könnt am Ende der Zeit, die jetzt gekommen ist.

Nehmet die Hindernisse, die sich euch aufzutun scheinen, als liebevolle Geschenke, die das göttliche Gesetz euch entgegenträgt, um die letzten Reinigungen und Klärungen an euch geschehen zu lassen. Aus unserer Sicht ist dies für euch der letzte Schritt des Hinübergehens. Denn wisset: Ihr, die

1) Dieses Kapitel wurde am 25. Dezember 2002 durchgegeben.

ihr jetzt auf diesem Planeten weilt, seid in der Lage hinüberzugehen, ihr seid Seelen, die reif genug sind, um den großen Schritt der Evolution mitzuvollziehen. Ihr wäret sonst nicht zu dieser Zeit dort, wo ihr jetzt seid! Ihr seid durch unsere Führung – auch zum Ablegen alter Belastungen – immer zur rechten Zeit am rechten Ort. Was immer euch begegnet, Krankheit, Konflikte mit Menschen, mit Materie, jede emotionale Erschütterung, jedes emotionale Aufgewühltwerden, ist euch Geschenk zum Auflösen und Loslassen dieser Emotionen, die ihr auf der Erde in Vergangenheit gesammelt habt. Um ins Neue zu gelangen aber, müsst ihr frei sein.

Und so seid in Freude, wenn wir euch Gelegenheiten geben, Geschenke machen, denn ihr habt in vergangenen Inkarnationen so viel Licht angesammelt, dass ihr in die nächste Zeit hinübergehen könnt: leicht, geklärt, voller Licht und ohne die Emotionssammlung des endenden Zeitalters.

Wir sind in großer Freude über euer Kommen.
Wir erwarten euch.
Wir sind immer bei euch.
Ihr seid gesegnet!
Ihr werdet unendlich geliebt!

Kapitel 5

Die Auflösung der Polarität

Seid gegrüßt, geliebte Kinder des Lichts!

Wir sind voller Freude, euch zu sehen, wie in Erwartung ihr seid, wie ihr geöffnet seid, Worte des Lichts, der Freude und des Mutes in euch aufzunehmen.

So sind wir gekommen, um euch zu bereiten auf das, was kommen wird.

Ihr alle seid vertraut mit den Dingen des Erdenlebens, die euch Anstrengung verursachen. Ihr seid bestens vertraut mit den Dingen, die in euch Spannung herbeiführen, und ihr seid bestens vertraut damit, Entscheidungen zu treffen, Bewertungen vorzunehmen, für gut oder nicht gut zu befinden. Ihr befindet euch mit euren Leben in dem Zustand von Polarität. Ihr kennt sie wohl, die spaßhaften Serien von „Es gibt immer *zwei* Möglichkeiten". Die „immer *zwei* Möglichkeiten" – diese beiden Polaritäten sind es, zwischen denen ihr euch bewegt, zwischen denen ihr euch in Entscheidungszwang erfahrt und die euer Leben wechselhaft, spannend und in einer Form ständiger Unruhe halten. Die äußerste Form dieses Entscheidungsnotstandes nennt ihr: Ver-*zwei*-flung! Dieser Entscheidungszwang – rechts oder links, oben oder unten, schnell oder langsam, jetzt oder nie – ist zwangsläufig die Situation, die euer Planet in sich trägt: Zwei elektrisch gegensätzlich geartete Pole geben der Erde von „oben nach unten" Spannung. Diese Erdeigenschaft, meine Lieben, tragt auch ihr in euch, denn ihr seid Erdenkinder. Nehmt euch jetzt einmal die Zeit, um zu überprüfen, wie viele eurer Lebenssituationen sich in Polarität befinden! Tut dies jetzt, bevor ihr weiterlest. Es wird euch die Sinne öffnen für unzählige Situationen, die erdentypisch sind, und sie werden euch euer Erdenleben neu verstehbar machen.

Ihr habt erkannt: Wo immer ihr Stress, Unwohlbefinden, Krankheit, Mangel, Angst, Freude, Glück, Gesundheit u. Ä. erfahrt, erfahrt ihr Polarität. Zwischen den zwei gegensätzlichen Polen schwankt ihr, zwischen ihnen bewegt ihr euch, zwischen ihnen habt ihr euch ständig zu entscheiden. All diese Entscheidungen sind in euch belegt mit Zuordnungen wie gut / schlecht, wie positiv (+) und negativ (-), und so habt ihr diese letzte Bezeichnung auch übernommen in eure Elektrizitätslehre. Eure Philosophen haben in ihrem Weltsicht-System dieses Phänomen als Dialektik bezeichnet, welches die gegenseitige Bedingung des einen durch das andere lehrt. Wie könnt ihr „warm" sagen, wenn ihr nicht „kalt" kennt? Gäbe es nicht die Unterschiede von Temperaturen, hättet ihr diesen Gegensatz nicht. Hättet ihr den Begriff des „Guten" nicht, wie könntet ihr das „Böse" erklären? Versucht einmal, eines von beiden jemandem begreiflich zu machen, ohne dessen Gegenpol zu benutzen! Ihr seht, wie euer Leben auf dem Pol- und Gegenpol-Planeten sich in dessen Grundspannung spiegelt. Dies, ihr Lieben, dürft ihr ruhig als ein planetares Gesetz bezeichnen.

Habt ihr euch nun einmal die Summe der Erdspannung, die Höhe der Plus-Elektrizität an der einen Stelle des Planeten und die Minus-Spannung auf der anderen Stelle des Planeten angeschaut? Beide Spannungen haben die gleiche Größe. So ist zwischen diesen beiden Polen in der Summe die Ausgleichung gegeben. Ihr in eurem Leben, meine Lieben, habt Inkarnation um Inkarnation um Ausgleichung gerungen. So ist es keineswegs so, dass ihr das kontinuierliche Streben um den Pluspol (+), das Positive, betrieben hättet. Denn der Pluspol oder das Positive bedeutet hier nicht das Erstrebenswerte, sondern die Ausgleichung ist es, die euch zur Harmonie führt. Nicht das Kämpfen um das eine gegen das andere oder umgekehrt ist es, das ihr anstrebt, wenn ihr um inneren Frieden bemüht seid! Die Ausgleichung zwischen beiden Polen ist es, was euch die Entscheidungsnot oder Verzweiflung nimmt. Es ist im kosmischen Sinne nicht positiv, auf der Plus-Seite zu stehen, und es ist aus unserer Sicht nicht negativ, auf der negativen Seite zu stehen, sondern die Balance ermöglicht die Harmonie in euch! Die Akzeptanz von Plus und Minus erschafft die Einheit.

So ist es eine erdentypische Einschätzung, zu glauben, es gebe gut und böse und es gelte, nur das Gute zu suchen und das Böse zu meiden! Wenn du dies tust, mein liebes Kind, dann bist du nicht in Harmonie, dann bist du nicht mit deiner Mitte! Die Aufgabe, die ihr Menschenkinder zu bewältigen habt, besteht darin, die Polarität in euch zu erkennen, sie zu meistern und sie zur Ausgleichung zu führen, indem ihr beides annehmt.

Solange ihr noch auf dieser Erde seid, und wir sagen ausdrücklich: auf dieser polaren (!) Erde, ist es eure Aufgabe, die erdgegebene Polarität vollkommen anzunehmen, und zwar beide Polteile, und sie in euch zur Einheit zu führen. Und wir sagen euch auch ausdrücklich: Ihr habt alle vor euren überaus zahlreichen Inkarnationen immer und immer wieder die Entscheidung getroffen, beide Pole auf der Erde zu erfahren. Dies ist eure unausweichliche Lebensaufgabe, dies ist immer wieder euer selbst gewählter Lebenssinn gewesen, beide Pole zu erfahren, wann immer ihr die Erde betreten habt.

Nun, ihr Lieben, geht die Zeit der Polarität auf der Erde zu Ende, die Erde wird neu gestaltet. Sie wird neu ausgerichtet, und die alte Polarität wird verschwinden. So bleibt euch Menschenkindern nur noch begrenzte Zeit, um euch auf diese Neuausrichtung ohne Polarität einzustellen und auf das neue Zeitalter umzustellen. Was immer ihr in diesem Buche lest, dient euch als Hilfe, diese Umstellung auf das Neue so leicht wie möglich für euch zu gestalten. Denn das Neue will nicht mehr die Polarität, sondern die Einheit für die weitere Zukunft sein.

So lasst es zu, wenn wir euch bereiten möchten, so lasst es zu, wenn wir euch Geschenke entgegenbringen, Geschenke, die dazu führen, dass ihr die alten Wertungen der Polarität fallen lasst und euch als Meister im Integrieren der Pole erweist. Denn nur der Körper dessen, der die Meisterschaft in der Vereinigung der Polarität erlangt hat, wird in der Lage sein, im Einklang mit der neuen Schwingung der Erde auf ihr zu existieren.

So dürft ihr voller Freude sein darüber, dass all diese Prüfungen, die Mühsale und Belastungen von dieser Erde verschwinden werden. Freuet euch und zieht mit eurer Freude und Erwartung an, was die neue Erde euch bringen wird: Freiheit von den alten Entscheidungsnöten, Freiheit von Ängsten und Ver-zwei-flung, von Arm und Reich, Freiheit von Konflikten, Freiheit von aller Polarität, die die alte Erde jetzt noch in sich trägt. Es werden nur Meister sein, die ihre Füße auf die neue Erde setzen!

Bei uns ist Freude, von euch gebeten zu werden,
euch zu dieser Meisterschaft zu führen.
Wir sind mit euch.
Ihr werdet unendlich geliebt!

Wir sind Sananda.

Kapitel 6

Die Geschenke

Danket für die Geschenke, die wir euch zukommen lassen. Es sind Geschenke des Geistes, die wir euch schicken. Geschenke, an denen ihr euch erkennt. Es sind Geschenke, die euch zur Befreiung dienen. Nehmt sie an, lasst sie in euch wirken.

Wenn dir dein Fuß gebrochen ist und du nicht mehr frei laufen und dich nicht mehr frei bewegen kannst, wenn du an Krücken gehst und du dir nicht einmal eine Tasse Tee in der Küche zubereiten und ins Wohnzimmer tragen kannst, weil du deine Hände für die Krücken brauchst, wenn du also auf Hilfe anderer angewiesen bist und es dich überdies unsäglich schmerzt, deiner Bewegungsfreiheit beraubt zu sein, dann hat dir dieser Zustand etwas zu sagen. Nimm, wenn dir solches geschehen ist, dies als Geschenk an! Als Geschenk von uns! Es ist dies ein Einschnitt in dein Leben, in dem du auf Hilflosigkeit im Äußeren zurückgeworfen bist, und dies soll dich erinnern an Hilflosigkeit, die du einst erfahren und die du dir nun anschauen darfst: Was bleibt dir auch anderes übrig, dies anzuschauen? Du bist ja zu anderen Dingen nicht in der Lage. Diese alte Hilflosigkeit wird dir nun körperlich wieder zugeführt, damit du sie erlösen darfst. Wir schenken dir diese Gelegenheit. Erkenne, nutze sie!

Geh in dieses Gefühl von Hilflosigkeit, geh in dieses Gefühl von Angewiesen-Sein, lass deine Emotionen von der zurückliegenden Ohnmacht sich wieder beleben! Damals warst du in der aktuellen Situation nicht in der Lage, dich aus dieser Ohnmacht zu befreien. Du hast sie erdulden müssen, sie war für dein Leben vorgesehen, und sie war so katastrophal für dich, dass du sie in deinem Inneren nicht hast bewältigen können. Du hast sie in ihrer Unerträglichkeit aus deiner Wahrnehmung verbannt, weit verbannt, um dein Leben wieder erträglich zu machen. Ja, ihr habt diese Gabe, Dinge, die euch zutiefst Qualen verursachen, „von euch" zu drücken, sie zu verbannen, so tief in euer Innerstes, in eure tiefste Zellstruktur zu verlagern, dass euer Tagesbewusstsein, euer Gedächtnis sie nicht erreichen können, dass ihr euch nicht erinnert, dass ihr sie nicht mehr spürt. Ihr nennt dies auch: abspalten. Irgendein Ereignis, ein Schmerz kann von euch so weit verdichtet in euer Innerstes verlagert werden, dass ihr dazu keinen Zugang mehr habt.

Nun aber, wenn wir dir dieses Geschenk gegeben haben, diese Ohnmacht wieder zu erleben, geben wir dir auch die Gelegenheit, das Abgespaltene wieder zurückzuholen, es wieder zu aktivieren, es neu zu beleben, damit es der Heilung zugeführt werden kann. Ein Geschenk der Heilung tragen wir dir entgegen. Wenn dies von uns aus geschieht, dann wisse: Nun bist du sehr wohl in der Lage, dieses alte Leiden zu erlösen, indem du es annimmst!

Schau es dir an! Lass dich darauf ein! Fühle dieses Unfähig-Sein, etwas zu tun, und nimm es an! Es ist doch dein. Sieh es dir richtig an, wie du dich siehst! Du musst es richtig sehen und fühlen. Führe es in diesem Zustand der Meditation als für dich richtig sichtbares Bild, als Geschehen, das du in deinen Händen halten kannst, führe dieses Geschehen in dein Herz. Hier findet jetzt jene Integration statt, die du in der Vergangenheit nicht hast leisten können. Der alte Schmerz, die Abspaltung, wird aufgehoben. Aus Abspaltung wird Integration, und Heilung wird sofort stattfinden.

Du wirst vielleicht ein verstärktes Bedürfnis verspüren zu gähnen. Dann lass es zu! Es ist Bestandteil des Heilungsprozesses, Altes, Vergangenes verlässt deinen Körper. Wenn du Müdigkeit verspürst, so gib deinem Körper die Ruhe, die er verlangt. Im Schlaf werden deine Zellen gereinigt. Wir erledigen das. Du hast an dieser Stelle nichts mehr zu tun. Du kannst an dieser Müdigkeit, dem Gähnen, auch dem Hungergefühl, das dich überkommen kann, erkennen, dass Heilung stattfindet. Der Hunger, den du empfinden magst, bedeutet, dass dein Körper viel Energie verbraucht hat während der Integration. Dann gib ihm, was er braucht! Scheue dich nicht davor, dir auch Süßes zuzuführen! Es enthält viel Energie, die du eben verbraucht hast, und dann danke auch deinem Körper, dass er diese viele Kraft aufgebracht hat, dir zur Heilung zu verhelfen. Achte nicht auf den Rat von Ärzten, die meinen, Zucker sei schädlich für deinen Körper! Sie kennen diese Form der Heilung zumeist nicht und wissen nicht, wie viel Energie bei einer solchen Heilung verzehrt wird.

Hast du das Gefühl, dass du nach dem Schlaf wieder aufstehen kannst, dass das Gähnen zu Ende geht, dass der Hunger gestillt ist, dann danke deinem Körper für die geleistete Arbeit! Danke auch all den Wesen, die unsichtbar bei dir waren und deine Heilung unterstützt haben. Du weißt: Dank zieht Heilung an!

Eine detailliertere Vorgehensweise für Heilungsprozesse, die du selbst einleiten möchtest, findest du unter dem späteren Kapitel: Anleitung zur Selbstheilung (Kapitel 13, Seite 65).

Kapitel 7

Geschenke: Eltern

Wir sind Sananda und grüßen euch aus den Reichen des Lichts.

Glaubet nicht, Geliebte, die ihr eure Kindheit betrachtet und zu erkennen meint, dass eure Eltern euch von eurer Essenz scheinbar abgebracht haben, dass ihr ihnen Unrecht vorzuwerfen hättet. So habt ihr mit euren Eltern vor eurer Inkarnation eine Vereinbarung getroffen, die euch dazu führen will, eure Essenz zu erkennen, sie zu entfalten und sie zu leben. Ihr habt in der Tat eingewilligt, Kind der Eltern zu werden, deren Kind ihr geworden seid. Und so habt ihr auch darin eingewilligt, in welcher Weise eure Eltern euch an die Bewusstheit eurer Essenz heranführen, nämlich über den Gegenpol!

Beschuldigt eure Eltern nicht, denn ihr alle habt – so ist es vorgesehen – vergessen, was jene vorgeburtliche Vereinbarung war. Danket ihnen für dieses Geschenk, das sie euch machten, indem sie euch so behandelt haben, wie ihr es wünschtet.

Glaube, wenn du meinst, deinen Selbstwert oder deine Selbstachtung in dir nicht zu finden, wenn du darunter leidest, dass dein Selbstwertgefühl unterentwickelt, deine Selbstachtung dir verschwindend gering sei, glaube dann nicht, dass deine Eltern dir dies auferlegt haben in einer Weise, für die du sie mit Schuldzuweisung versehen müsstest. Wenn du erkennst, dass deine Eltern dir zu Minderwertigkeitsgefühl und Selbstverachtung verholfen haben, dann haben sie jene Arbeit vereinbarungsgemäß verrichtet, die ihr abgesprochen hattet. Diese Vereinbarung kann dadurch entstanden sein, dass du sie darum gebeten hast, dir Selbstwert und Selbstachtung zu nehmen, damit du diese Aufgaben, die du vielleicht in früheren Inkarnationen nicht gelöst hast, nun in dieser Inkarnation lösen kannst.

Deine Aufgabe ist es nun, als Schöpfer deines Lebens, dir deiner Minderwertigkeit bewusst zu werden, mit der dich deine Eltern konfrontieren, dich daraus zu lösen und deinen gesunden strahlenden Selbstwert anzuerkennen und anzunehmen. Hast du dies vollbracht, so kannst du dich als Meister deines Lebens in dieser Hinsicht feiern. Hast du deine geringe Selbstachtung in dir erkannt, gilt es, deine hell leuchtende Selbstachtung zu schaffen, und du kannst dich auch in dieser Hinsicht Meister deines Lebens nennen.

Auch zahlreiche andere Erschwernisse, die wir hier nicht alle nennen und von denen du glaubst, deine Eltern hätten sie dir in verantwortungsloser oder schuldhafter Weise angetan, sie hätten dich in deinem Leben damit in ihrem unachtsamen Umgang mit dir belastet, dich vernachlässigt, dich übergangen, übersehen, dich verformt... all diese Dinge gilt es für dich umzukehren, in den Gegenpol zu führen, dein Leben in Lebensmeisterschaft zu verwandeln.

Danke ihnen dafür, dass sie dir die Gelegenheit gegeben haben, dich in der Meisterschaft zu üben. Wer anders sonst hätte dich auf der Erde von Anfang an so vorbereiten können, dass du dich meisterlich zu dem entwickeln wirst, was deine Essenz ist?

So geh auch hier in die Stille, gehe in dich, suche in dir nach deinem Licht und erkenne es an. Freue dich darüber, wenn du es siehst, sprich mit ihm und werdet eins miteinander. Denn die Freude über etwas verloren Geglaubtes ist die größte Freude, die euch widerfahren kann. Sie hat das Bewusstsein geschärft für den Wert, den du in Wahrheit besitzt und immer besessen hast und den du in Wahrheit nie verlieren kannst. Denn du bist Licht Gottes, du bist wertvoll.

Das Licht kann sich weder begreifen noch erkennen, es sei denn, es wird von Dunkelheit umgeben. So entdecke dein Licht von Selbstwert und Selbstachtung und aller anderen Werte, denen du dich durch deine Eltern beraubt fühlst, und erhelle damit das Dunkel um dich, damit alle dein Licht sehen und damit du mit deinem Licht die Welt erhellst.

Wenn nun alle Seelen ihr Licht entdeckt haben werden und leuchten lassen, wenn alle diesen Prozess des Bewusstwerdens ihres Lichtes vollzogen haben, dann ist große Freude und großes Licht auf der Erde. Dann ist jede Seele sich ihres Lichts bewusst, und jede Seele hat ihr Licht begriffen. Und dann wird es kein Dunkel mehr auf der Erde geben.

Viele unter euch sind in Unfrieden mit ihren Eltern oder einem Elternteil. Diesen geben wir nun eine Formel, nach der sie vorgehen können, um nach dem soeben erworbenen Wissen Frieden mit ihnen wiederherzustellen.

Bevor du damit beginnst, gehst du am besten im Stillen durch die Formel und überprüfst, ob du sie so übernehmen, ob du etwas ergänzen oder weglassen möchtest, ob du mit beiden Elternteilen gleichzeitig oder einzeln und nacheinander sprechen möchtest.

Bitte uns, Sananda, zunächst um unsere Anwesenheit und Führung und Erzengel Michael um Schutz. Sprich dann die

Seelen deiner beiden Elternteile an, nenne sie mit ihrem Vornamen und rufe sie herbei (es ist nicht von Bedeutung, ob sie gerade in einem Körper weilen oder nicht).

Formel, um Frieden herzustellen zwischen dir und deinen Eltern:

- *Ich bitte Sananda und Erzengel Michael um Anwesenheit, Schutz und Führung.*
- *„Ich rufe dich, Seele meines Vaters .... (Vorname), und dich, Seele meiner Mutter .... (Vorname), herbei.*
- *In Unwissenheit habe ich euch beschuldigt, gekränkt, missachtet … (füge hier all das ein, was noch weiter auf dich zutrifft, und lass weg, was nicht auf dich zutrifft).*
- *Ich weiß nun, dass wir gemeinsam vor dieser Inkarnation eine Vereinbarung über das getroffen haben, was ich an Lichtbewusstheit in diesem Leben erwerben will.*
- *Ich danke euch, dass ihr in diese Vereinbarung eingewilligt und mich in den Gegenpol geführt habt.*
- *Ich vergebe euch dieses Tun, für das ich euch beschuldigt, gekränkt, missachtet … (füge hier wieder ein, was noch alles auf dich zutrifft, lass weg, was nicht zutrifft) habe.*

- *Ich bitte euch um Vergebung dafür, dass ich euch beschuldigt ... () habe.*
- *Ich schließe Frieden mit euch.*
- *Ich danke euch, dass ihr gekommen seid, und entlasse euch in Frieden und Dankbarkeit.“*

Nun dürft ihr Sananda und Erzengel Michael danken. Der Friede ist hergestellt.

Es grüßt euch Sananda.
Wir möchten euch auf dem Weg
ins Licht alle erdenkliche Hilfe geben.
Ihr werdet unendlich geliebt.

Kapitel 8

Geschenke: Kinder

Kinder sind die überaus größten Geschenke, die wir für euch bereithalten. Sie sind Lehrer und eure Spiegel, in denen ihr euch erkennen könnt, wenn ihr es nur zulasst. Ja, es ist so, dass es Kinder gibt, die zu euch kommen möchten, um euch zu lehren, euch aufzuzeigen, euch zu spiegeln und euch zu konfrontieren. Manche Kinder inkarnieren eigens, um ihren Eltern-Seelen in der Dimension irdischen Seins zu Wachstum zu verhelfen. Aber auch solche, die sich nicht in ihrer Hauptaufgabe als Lehrer ihrer Eltern inkarniert haben, sind immer Spiegel für ihren Vater und die Mutter. So nehmen sie doch von Anbeginn ihres irdischen Seins an, was Vater und Mutter ihnen vorleben. Noch ehe das, was ihr Verstand nennt, einsetzt, hat das Kind, ohne Mutter- oder Vatersprache zu verstehen, über die Sprache der Seele verstanden und aufgenommen, was in dieser Familie geschieht. Es wird aus dem Bedürfnis seiner Seele dann ganz kindhaft unschuldig wiedergeben, was es erkannt hat. Und: Es kann nichts wiedergeben außer dem, was es erkannt hat. Es kann wiedergeben, was es vor seiner Inkarnation an Reife gewonnen hat, und es seinen Eltern zur Annahme und Integration auf der dreidimensionalen Erdebene wiedergeben, und es kann wiedergeben, was es von den Eltern an – sagen wir einmal – Lebenseinstellung übernommen hat.

Hier ist es offensichtlich, dass die Welten aufeinander stoßen und dass die Eltern sich als Erwachsene dem Kind überlegen fühlen und nicht annehmen möchten, was das „lebensunerfahrenere" Kind ihnen lehren möchte. Dort sind Konflikte zwischen Eltern und Kind offen sichtbar, und Eltern können an den Rand der Verzweiflung kommen, wenn sie nicht ihre Lernaufgabe erkennen und annehmen.

Nehmen wir das langsame Kind. Hast du ein Kind, dessen Langsamkeit dich aufregt, die dich nervt, die dich, wie ihr sagt, zur Weißglut bringen kann, dann hast du damit ein Thema. Freilich wirst du versucht sein, dem Kind Tempo beizubringen, es zu beschleunigen, anzutreiben, und du wirst zu Mitteln greifen, die du dir vor zwei Stunden noch gar nicht vorstellen konntest. Dann dient dir das dazu, zu erkennen, dass bei dir ein Thema anzuschauen ist. Das Kind konfrontiert dich mit deinem Tempo-Thema. Je größer deine Verzweiflung darüber ist, dass dein Kind in der gleichen unanfechtbaren kindlichen Glückseligkeit verbleibt, während du explodierst, umso mehr ist es dann Zeit für dich, dich zurückzuziehen, alle Termine und alles, was dich drückt, fallen zu lassen und diese Emotion wahrzunehmen. Fühle ihr nach und erkenne, welche Macht sie über dich hat. Du wirst sie fühlen an irgendeiner Körperstelle in dir, und atme deinen Atem dort hinein. Bitte um göttlichen Schutz und Beistand und Führung zur Auflösung dieser Emotion. Du wirst erfahren, wie schnell ein solches Emotionspaket sich auflöst und von dir geht. Dann danke allen Wesen, die mitgeholfen haben bei dieser Heilung. Du wirst müde sein und dich für einen kurzen Schlaf hinlegen wollen. Dann sei ohne Sorge, dass deinem Kind etwas zustößt. Deine Heilung ist vollzogen mit göttlicher Hilfe, und für das Kind ist Führung und Schutz aus unserer Ebene gegeben. Wenn du erwachst, wirst du staunen, wie selbstverständlich Friede und Ruhe in dir und in dein Haus eingekehrt sind. Du wirst auch sehen, dass das Kind deine vorangegangene Verzweiflung, deine Wut, vielleicht Geschrei, völlig „vergessen" hat. Es ist von dieser Emotion nichts mehr da, nicht beim Kind, nicht bei dir! Ist es nicht ein wundervolles Geschenk, ein Kind zu haben, das dich mit deinem Thema konfrontiert? Danke dem Kind, indem du auf der Seelenebene zu ihm sprichst.

Freilich gibt es in großer, großer Zahl typische Verhaltensweisen von Kindern, mit denen sie ihre Eltern „nerven" oder, wir möchten lieber sagen: sensibilisieren. Schau sie dir an, diese Dinge, mit denen dein Kind dich nervt, d.h.: Dein Kind trifft einen Nerv bei dir, der blank liegt. Danke dem Kind, dass es dir zeigt, wo deine Nerven blank liegen, damit du sie der Heilung zuführen kannst.

Sind Kinder nicht ein wunderbares Geschenk?

Kapitel 9

Geschenke: Mitmenschen

Hier spricht Sananda, geliebte Kinder des Lichts! Ich freue mich, euch einzuweisen in die Gesetze des menschlichen Miteinanders.

So seid ihr in dem Glauben, die Gesetzmäßigkeiten zu kennen, nach denen euer Miteinander geregelt sei. Dieser Glaube jedoch ist ein Glaube an von Menschen gemachten Regeln, die euch davor schützen sollen, euch zu verletzen, euch an wunde Punkte zu bringen, euch mit dem zu konfrontieren, was eure Lebensaufgabe, was euer spirituelles Wachstum betrifft. So sind es freilich immer wieder Verletzungen, die ihr euch gegenseitig zufügt und die euch Schmerzen bereiten. Dies ist jedoch aus unserer Sicht, aus der Sicht der höchsten und hellsten Wahrheit, so gewollt.

Wie wollt ihr autonom werden? Wie aber wollt ihr selbstsicher werden, wie wollt ihr Licht werden, wenn ihr bei der kleinsten Luftbewegung eures Umfeldes euer Licht ins Zittern und Zagen geraten lasst? Wer sicher ist im Licht, braucht das Dunkel nicht zu fürchten. So lasset jene vermeintlichen Verletzungen zu, von denen ihr meint, sie lösen Verwundung bei euch aus. In Wahrheit sind sie doch wunderbare Geschenke, die ihr euch gegenseitig gebt, damit ihr eure Schwachpunkte erkennt. Sie sind ausgezeichnete Geschenke, anhand derer ihr erkennen könnt, wie und woran ihr noch zu arbeiten habt, um gefestigte Lichtträger zu werden.

Wie prüft ihr ein Gefäß, das ihr geschaffen habt, ob es tauglich ist? Ihr füllt natürlich Wasser ein, um zu sehen, ob es dicht ist! So seid nun nicht verärgert darüber, wenn diese Dichtigkeitsprüfung ergibt, dass an dieser oder jener und an einer weiteren Stelle euer Werk seinen Dienst noch nicht vollkommen erfüllt. Dieser Test dient doch der Perfektionierung des Geschaffenen. Oder wollt ihr leben nach dem Muster: Gefäß herstellen, aber bloß nicht testen, ob es dicht ist, denn es könnte ja undicht sein? Welcher Meister wird so arbeiten? Wollt ihr aber Lebensmeisterschaft für die neue Evolutionsstufe erreichen, so lasst euch in Dankbarkeit eine oder zwei oder unzählige Überprüfungen gefallen und seid dankbar dafür, wenn euch jemand auf eine dünne oder undichte Stelle hinweist.

So dürft ihr euch vorstellen, dass ihr euch, die ihr im Leben steht, nicht alle durch Karma oder nicht durch vorgeburtliche Vereinbarungen kennt. Jeder lebt sein Leben auf seine Weise. Der eine auf diese, der andere auf eine umgekehrte Weise. Du stellst ein kleines Gefäß her, und ein anderer beabsichtigt gar nicht, dieses Gefäß als seines zu benutzen. Aber durch ihn wird dir offenbart, dass dein kleines Gefäß noch nicht vollendet ist. Bist du dann beleidigt? Ein anderer wiederum hat ein sehr großes Gefäß gebaut und möchte es andersherum benutzen: Er möchte sich hineinsetzen und damit auf dem Wasser trockenen Fußes von einem Ufer zum anderen gelangen. Ist es nicht auch für ihn wichtig, dass er durch die völlig unbeabsichtigte Prüfung eines anderen feststellen kann, dass sein Boot-Gefäß undicht ist und er zu ertrinken droht? Seid euch gegenseitig dankbar, ihr Lieben, wenn der Nachbar, der Freund, der Kollege, der Kellner, der Taxifahrer sich völlig ahnungslos als Tester für dein Gefäß herausstellen. Hält es allen Prüfungen im Alltag stand, dann hast du alle Schwachstellen abgedichtet. Ist es hier oder da noch ein wenig feucht, so bessere nach. Die Zeit ist dir gegeben, und sie ist jetzt.

Hat dein Nachbar unverschämterweise sein Unkraut über den Zaun auf dein Grundstück entsorgt, so setze dich für dich ein, kläre deine Angst und sprich aus, was es auszusprechen gilt. Sag es in Klarheit und in Wahrheit, ohne Hysterie und ohne Selbstunterwerfung. Nur solchen Menschen, die Ängste haben, auf den Nachbarn zuzugehen und sich für sich selbst einzusetzen, passiert es, dass er ihnen seinen Müll über den Zaun kippt. Hast du deine Ängste erkannt, angenommen und Frieden mit ihnen geschlossen, dann wird dein Nachbar ganz von selbst solches nicht mehr tun. Übrigens: Ganz ängstliche Menschen nehmen sich in einem solchen Fall einen Anwalt. Sie halten sich dann für ganz, ganz stark!

Hat dein Freund eine zweideutige Bemerkung über die Nase deiner Frau gemacht und du bist zutiefst gekränkt, dann wisse: Es ist deine Frau! Wie kann dich eine solche Bemerkung kränken? Ist es nicht vielleicht so, dass du an der Nase deiner Frau schon seit langem etwas bemerkt hast, was du merkwürdig gefunden hast? Sieh dir diese Nase jetzt einmal ganz genau an. Und dann erkenne, wie du selbst diese Nase findest. Dann nimm an, dass du aus „Achtung“ vor deiner Frau nicht wahrhaben wolltest, dass du diese Nase so siehst, wie sie wirklich ist. Sie ist so, wie sie ist, und die Wahrheit tut nicht weh, es sei denn, man will sie nicht hören.

Natürlich stinkt es dir, dass dein Kollege so einen stark riechenden Käse auf seinem Frühstücksbrot hat, besser gesagt, dass er von seinem Frühstücksbrot bis zu deinem Schreibtisch herüberriecht. Was ist es in Wahrheit, was dich daran aufregt? Sei ganz ehrlich mit dir, denn nur so wirst du dieses Geschenk für dich auspacken und Gewinn bringend verbuchen können. Ist es, dass du dich nicht traust, ihm zu sagen, dass du dieses Aroma nicht magst, oder hattest du früher, viel früher auch einmal ein solch aromatisches Brot mit Hingabe verzehrt und jemand hat dich auf unschöne Weise wissen lassen, dass er seinerseits es für unhöflich hält, einen solchen Geruch zu verbreiten, und nun verbietest du dir, dem Kollegen zu sagen, was dir auf dem Herzen liegt, denn du fürchtest, die selbst erfahrene Kränkung weiterzugeben? Oder hast du noch die Worte deine Mutter im Ohr: „Stinkekäse gibt's bei uns nicht!“, und deine Mutter hatte ja immer Recht, und das ist auch heute noch so, denn du achtest deine Mutter sehr. Was immer es ist: Finde es ehrlich heraus. Vielleicht bist du schon bald so weit, dass du deinen Kollegen darum bitten kannst, dir ein Stück von seinem Käsebrot abzugeben!

Du findest den Kellner unfreundlich. Du hättest ihm gern, wirklich gern ein gutes Trinkgeld geben wollen. Aber so? Nein! Das hat er wirklich nicht verdient! Finde heraus, was es in dir ist, dass du dich über den Kellner so ärgerst. Sei dir über die Genauigkeit deiner Sprache bewusst: Nicht der Kellner ärgert dich, *du* ärgerst *dich* (über ihn)! Und weiter: Wenn er wirklich so viel schlechte Atmosphäre um sich verbreitet, warum gibst du ihm nicht ein ordentliches, wie du meinst, nicht verdientes Trinkgeld? Wer hat es in der Hand, ihn so zu überraschen und seine Laune aufzuhellen? Sei Meister deines Lebens und handle meisterlich. Lebe so, dass alles, was dir begegnet, und sei es noch so widerwärtig, für dich zum Gewinn wird!

Hat der Taxifahrer dir falsch herausgegeben und du merkst es erst, wenn er längst im Strom des Stadtverkehrs verschwunden ist, so erkenne, dass du selbst nicht wachsam genug warst und das dir zustehende Rückgeld nicht nachgerechnet und nachgezählt hast. Hast du daraus gelernt, wird dir das künftig nicht mehr passieren.

So ist der göttliche Plan so vollkommen, dass ihr, ohne es zu wissen, euch immer wieder an eure „Schwächen“, an eure Zweifel, an Wankelmut, Ängste und überflüssig gewordene Verhaltens- und Denkmuster, an eure Schwachstellen erinnert, und eure Mitmenschen helfen euch dabei. Sie helfen euch, sie zu erkennen, aufmerksam zu werden, sie anzunehmen und fröhlich weiterzuleben: mit dem Freund ins nächste Taxi zu steigen und über die Nase deiner Frau zu sprechen, während der Taxifahrer Käsebrot isst.

Kapitel 10

Geschenke: Krankheiten

Wir sind Sananda und grüßen euch mit Freude und Licht. Wir sind gekommen, um euch Gesundheit zu bringen und um euch aufzuzeigen, was Krankheiten euch zeigen wollen.

So sind wir in großer Freude, euch über jenes Kapitel eures Daseins Wahrheit zu übermitteln, von dem euer Leben euch am meisten bedroht erscheint und ihr euch in Hilflosigkeit zu befinden glaubt, was euren Umgang mit den Geschenken von Krankheit betrifft.

Seht, ihr Lieben, wir haben an vielen Stellen aufgezeigt, welche Geschenke wir euch machen, um euch zu eurer Mitte zu führen. Viele, viele Zeichen und Signale, Erschütterungen, Überraschungen senden wir, um euch aufzuwecken aus dem Schlaf der Nichtbewusstheit. Dieser Zustand der Nichtbewusstheit ist angefüllt mit Ängsten, mit Blockaden, mit Handlungen, die aus irgendeiner Situation einmal nötig waren, jetzt aber abgelegt werden dürfen, denn ihr wollt ja weitergehen auf eurem spirituellen Lebensweg.

So gibt es zahlreiche unter euch, wir dürfen sagen, alle, die sich schwer tun damit, das Alte loszulassen und in das Neue zu gehen. Es gibt zahlreiche unter euch, die meinen, wenn etwas Unangenehmes ihnen widerfährt, dann seien andere dafür verantwortlich. Es sind zahlreiche unter euch, die nicht erkennen, dass es Spiegel sind, die wir ihnen schicken, dass die kosmischen Gesetze wirken, die euch zeigen wollen, was du in dir zu erkennen hast, um weiterzugehen.

Nun gibt es welche, die aus den Spiegelungen lernen und sich verändern, und es gibt welche, die, meistens aus Angst, keine Veränderung annehmen möchten. Wie kann solchen Seelen geholfen werden, wenn sie Angst vor Veränderung in sich tragen und wenn die Angst es ist, die sie doch zu integrieren und aufzulösen haben? Hier ist, wenn der Zustand der Unbeweglichkeit und der Stagnation anhält, jenes Gesetz wirksam, das die verdrängten und abgespaltenen Emotionen aus dem Bewusstsein und aus dem Gedächtnis in eure Körperzellen verlagert. Ängste, die ihr nicht angehen wollt, die ihr nicht sehen wollt, verdrängt ihr – so ist das bei Menschen allgemein üblich – in eure Zellstrukturen und lagert sie dort ein.

Nun sind Ängste Blockaden im Energiefluss. Ist nun eine Angst an einer Körperregion eingelagert, so ist hier der Energiefluss behindert, gestört oder blockiert. So wird diese Körperregion oder dieses Organ nicht ausreichend mit Energie versorgt, es wird schwach, es wird krank.

Jede Art von Emotion hat ihren dafür vorgesehenen Platz im Körper. So entstehen nun Krankheiten an ganz bestimmten Stellen des Körpers, je nach der Emotion, die dort eingelagert ist. So sind Krankheiten des Herzens auch immer Krankheiten im Bereich von Liebe! Euer Wort „Herz“ steht ja aus gutem Grund nicht nur für das Organ, sondern auch für die Liebe, z. B. sprecht ihr über einen herzlosen Menschen oder einen herzensguten Menschen.

So verhält es sich auch mit anderen Organen und Gliedmaßen, deren emotionale Zugehörigkeit euch nicht mehr bewusst ist. So betrifft den Kopf das Mental, Nieren und Lunge die Partnerschaft, die Augen das Sehen, das Nach-innen-Sehen, das Im-Außen-nicht-sehen-wollen, die Fußsohlen die Verbindung zu Mutter Erde usw.

So sind eure Krankheiten, ihr Lieben, immer im Zusammenhang mit eurem Inneren zu sehen, sie sind manifestierte Blockaden oder eingelagerte Emotionen, die euch zeigen wollen, was es in euch anzunehmen gilt, was es aus der Isolation von Verdrängung und Abgespaltenheit hervorzuholen und zu integrieren gilt.

Wenn Wunderheiler am Werk sind, so sind diese Menschen begabt und von uns geführt, jene Blockadepunkte zu erspüren, an denen der Energiefluss gestört ist. Durch ihre Medialität führen wir Energie an die Blockade, die Schmerzen und die Krankheit verschwinden.

Wenn nun nach anfänglicher Besserung ein Krankheitsrückfall auftritt, dann genügt es für den Patienten nicht, die Energie wieder zum Fließen zu bringen, sondern hier gilt es auch, sich das Thema anzuschauen und über das Bewusstsein zu erkennen, mit ihm Frieden zu schließen und sich zur Heilung zu führen.

Habt ihr Zweifel, ob der Heiler, den ihr aufgesucht habt, ein Scharlatan oder ein Lichtmensch ist, so bittet uns zuvor um Hilfe. Wir werden euch ein Zeichen geben, an dem ihr erkennen könnt, ob ihr euch ihm anvertrauen könnt. Erwartet ein Zeichen und seid sensibel in eurer Wahrnehmung. Erwartet keinen Paukenschlag! Bedenkt, hier geht es darum, wem ihr euch anvertraut. Es geht nicht um eine Pille, die den Schmerz unterdrücken soll. Es geht darum, dass ihr euch hier mit eurem ganzen Sein, mit eurem Sein auf allen Ebenen anvertraut.

So seht ihr, ihr Lieben, wie wir euch allezeit begleiten und führen möchten. Wisset aber: Wir können in dieser gezielten Weise nur tätig werden, wenn ihr uns darum bittet. Ihr macht euch auf diese Weise auch sensibel für die eigene Wahrnehmung.

So gibt es außer den großen Krankheiten auch kleinere, die ihr bisher noch gar nicht so recht beachtet habt, weil sie in eurem Denken einfach zum menschlichen Alltag gehören: eine kleine Infektion, Grippe, ein Schnitt in den Finger, eine Beule am Knie usw. Auch diese kleinen Zeichen, die von euch als Krankheit nicht Beachtung gefunden haben, dürft ihr euch nun ruhig auch einmal ansehen. Auch sie sind Zeichen, die euch etwas spiegeln möchten. Und dann fühle nach, was es dir zu sagen hat, wenn du dir den Kopf gestoßen hast, wenn du dich hast anstecken lassen (andere haben sich nicht anstecken lassen!). Mache nicht dein Immunsystem verantwortlich dafür, wie du es bisher getan hast. Es ist *dein* Immunsystem, das sich nicht gewehrt hat. Mache also nicht verantwortlich den, von dem du meinst, er habe dich angesteckt! Du hast etwas ohne deinen eingebauten Schutz von ihm angenommen! *Du* hast *dir* das Knie gestoßen? Was willst du dir damit sagen in Bezug auf deinen Vater (rechtes Knie) oder deine Mutter (linkes Knie)?

Nichts, was euch auf körperlicher Ebene geschieht, meine Lieben, ist Fremdeinwirkung und Gefahr von außen. Eure Schuldzuweisungen auf diesem Gebiet sind Vermeidungstechniken, mit denen ihr euch daran hindert, das als Spiegel für euch zu nehmen, was euch etwas zeigen möchte. Euer Versicherungssystem mit materieller Absicherung gegen Schäden ist nicht geeignet, euch an den Punkt zu bringen, an den ihr ursprünglich gehen wolltet. Das Krankenversicherungssystem, meine Lieben, das dürfen wir sagen, wird nicht helfen, solange es die äußerlich sichtbare Krankheit beseitigen will, ohne die Verbindung zu ihrer wahren Ursache herzustellen und aufzulösen. Dieses Krankheitsversicherungssystem wird nicht von Bestand sein, denn in der gegenwärtigen Zeit schicken wir euch Zeichen über Zeichen, und das Festhalten und Einschweißen von Emotionen wird mehr und mehr zunehmen. Die Krankheiten werden bei denen, die ihre Körperzeichen nicht anschauen, zu solch gravierenden Krankheiten in solchem Ausmaß führen, dass keine Krankenversicherung mehr bezahlen kann, was an Behandlung stattfindet.

In dieser Zeit, in der die Erdschwingung ständig erhöht wird, damit die Menschen zu Bewusstheit kommen, in der die Erdenergie ständig erhöht wird, damit die Menschen sich klären, sich erkennen, und in der wir ihnen Geschenke über Geschenke machen, um mit sich in Frieden zu gelangen, wo die gesamte Erdenergie die Menschen zur Klärung ihres Inneren drängt, wird der Druck des Verdrängens immense Ausmaße erreichen, die Krankheiten in ungekanntem Ausmaß mit sich bringen werden. Euer Krankenversicherungssystem bewegt sich auf den Kollaps zu.

So habt ihr vielleicht erkannt, dass ihr eure Krankheiten behandeln lasst. Ihr, eure Krankenkassen und die meisten eurer Ärzte sprechen von Behandlung. Sie sprechen nicht von Heilung!

Wir aber sprechen von Heilung, und jene sind sich nicht bewusst, dass sie Heilung aus ihrem Bewusstsein gelöscht haben. So wird es geschehen mit allen, je nach ihrem Bewusstsein: Die einen werden Heilung von ihrer Krankheit erfahren, die anderen werden Behandlung ihrer Krankheit erfahren. Auch hier zeigt sich, wie Bewusstheit im Inneren das Geschehen im Außen nach sich zieht.

So sagen wir es immer wieder: Erkennt an die Gesetze, die euch Menschen gegeben wurden, jene Gesetze, die die Menschen vor Tausenden von Jahren in ihrer Spiritualität im Bewusstsein getragen haben: Was als Krankheit – sei es im Großen, sei es im Kleinen – an eurem Körper sich zeigt, ist ein Zeichen, das euch etwas zeigen will.

Und so sind wir gern bereit, euch auch hier alle erdenkliche Hilfe zu geben, die ihr benötigt, um die Zeichen zu erkennen und die dahinter liegende Emotion anzuschauen und in den Frieden zu führen. So haben wir doch gesehen in unserem Leben auf der Erde als Jesus Christus, wie groß das Leiden ist, das Menschen zum Licht führen will. So haben wir bereits in jener Zeit jenen Menschen Heilung verliehen, die bereit waren, ihr Inneres der Heilung zuzuführen. Von jenen, die zur Heilung ihres Inneren nicht bereit waren und die wir nicht geheilt haben, ist kein Bericht entstanden.

Euch aber, ihr Lieben, möchten wir gern der Heilung zuführen und euch in Liebe begleiten.

Kapitel 11

Geschenke: Ereignisse

Seid gegrüßt, ihr Lieben, wir sind Sananda aus den Reichen des Lichts. So sind wir gekommen, euch aufzuzeigen, was für euch von Bedeutung ist, wenn Ereignisse euch überraschen, euch irritieren, euch in Verwunderung versetzen, wenn Ereignisse euch anstoßen.

Du kennst dies aus vielerlei Erfahrung im menschlichen Dasein: Ereignisse, die euch stoßen, die euch aus dem Gleichgewicht zu bringen drohen, Ereignisse, die so sind, als hätte jemand euch angeschubst, und nun bist du verwundert, dass jemand von außen kommt; jemand, der dir fremd erscheint, schubst dich so an, dass dein Köper ein wenig in Bewegung gerät, dass du vielleicht einen Schritt vorwärts oder zur Seite gehen musst, um wieder festen Stand zu bekommen.

Ja, ihr Lieben, solche Geschenke pflegen wir zu machen, wenn es darum geht, jemanden in Bewegung zu bringen, der schon lange fest geworden ist in seinem Standpunkt. So ist eine kleine Erschütterung ein Impuls, einmal einen kleinen Schritt zu tun, denn oft hat der Betreffende nicht gemerkt, dass er angewurzelt dastand. So möchten wir ihn nicht entwurzeln, wohl aber bewusst machen, dass Erstarrung sein gegenwärtiger Zustand ist. Und wer in Erstarrung verharrt, der erschrickt, wenn ihm seine Steifheit bewusst wird. Er muss sich bewegen.

So kann es vorkommen, dass ein Anstoß von uns auch recht heftig empfunden wird, wenn du beschlossen hast, dich ins Licht führen zu lassen, und da ist ein blinder Fleck bei dir, den du nicht sehen und immer wieder nicht sehen willst. Dann haben wir dir sicher schon mehrere kleine Ereignisse geschickt, die dich aus deiner Unbeweglichkeit herausbringen mochten. Und so hast du immer wieder die Kraft aufgebracht, dich nicht von der Stelle zu rühren, und so werden die Geschenke immer größer, bis du sie annimmst.

Aber auch dann, wenn du nicht eingegeben hast, ins Licht geführt zu werden, kann es sein, dass wir dir Ereignisse schicken. Denn in dieser Zeit des großen Wandels ist es von ganz großer Bedeutung für die Seelen, dass sie sich bewegen und den Schritt in die nächste Evolutionsstufe vollziehen, und so haben sie vor ihrer Inkarnation darum gebeten und mit uns vereinbart, Hilfen zu bekommen, um das Lebensziel zu erreichen. Und so, meine Lieben, sind wir gern bereit, unsere Vereinbarung zu halten, denn sie ist euch als Zeichen geschenkt, nachzudenken und zu verändern, was es nun zu verändern gilt.

Glaubt nicht, ihr Lieben, dass wir all diese Dinge mit jenem Zynismus tun, den manche von euch in diese Geschenkübergabe und in diesen Sprachgebrauch zu legen geneigt sind. Aus unseren Dimensionen heraus sind solche Dinge nicht möglich, sie existieren bei uns nicht, sie können in unserem Licht nicht bestehen.

Aus unseren Dimensionen heraus haben wir nicht die Möglichkeit mit euch zu kommunizieren, wie ihr Menschen dies miteinander zu tun pflegt. Denn unsere Worte in eure Sinne geschickt, werden fast nie angenommen und als euer eigenes Denken abgetan.

Und so bitten wir euch, sensibel zu sein, wenn solch ein Geschenk euch erreicht hat: Bemüht euch zu erinnern, ein Denken in euch erkannt zu haben, das in Wahrheit nicht eures ist. So nehmt auch an die Geschenke, die auf dieser

Ebene der Eingebung an euch vorgenommen werden. Seid sicher: Niemand erhält ein großes Geschenk, wenn er die vielen kleinen, die der Eingebung und dann die der kleinen, Anstöße angenommen hat.

So seid im Frieden, wenn euch ein Geschenkereignis aus der vermeintlichen Ruhe zu werfen droht: Hört hin und schaut hin, was es euch sagen will. Es kommt von uns, und wir sind eure Helfer, mit denen ihr vor jeder Inkarnation ganz persönliche Hilfe-Vereinbarungen getroffen habt. Und mancher unter euch weiß auch in seinem Innersten, wann er ein Ereignisgeschenk zu erwarten hat. Dann nämlich ist sein Inneres in Korrespondenz mit der Führung, aber sein Verstand hat ihm so viel an Macht nehmen wollen, dass das Himmelsgeschenk jetzt in unübersehbarer Größe ihn aus dem alten Trott gebracht hat.

Und so bitten wir euch wieder und wieder, nehmt euch den Raum und nehmt euch die Zeit, euch anzuschauen und in euch zu finden den Grund dessen, was euch dieses Zeichen der Erschütterung bringen will. Nehmt es an, unser Geschenk, denn wir möchten, dass unsere Geschenke wirkungsvoll sind. Mancher von euch hat Inkarnation um Inkarnation damit verbracht, ein bestimmtes Thema nicht zu lösen, und er droht nun in dieser entscheidenden Zeit vor dem Evolutionsschritt sich hier von der seit Inkarnationen innegehabten Stelle wieder nicht zu rühren.

Seid nicht verzagt, wenn solche Ereignisse euch hart zu treffen scheinen: Wir sind mit euch, und wir führen euch zu, was für euer spirituelles Wohl und Wachstum erforderlich ist. Erkenne, was es für dich zu bedeuten hat, ein bestimmtes Vorhaben nicht zu erreichen, was es bedeutet für dich, stillgelegt zu werden, wenn du Ohnmacht erfährst, wenn du

Geldmangel erfährst, Lieblosigkeit, Verkehrsunfall. All das, mein Liebes, sind Spiegel für dich, an denen du erkennen darfst, was du nicht hast sehen wollen.

So wisse nun auch, dass das, was du am wenigsten sehen willst, was du am meisten vermeidest, dein Spiegelbild ist. All die unangenehmen Situationen, Ereignisse, auch Menschen bekommen ihre Unangenehmheit dadurch, dass du sie meiden willst. So gehe auch hier den Weg, den wir immer wieder genannt haben: Integriere, was du an Ereignissen erfährst. Sie zeigen dir doch aus unserer Führung, dass da noch etwas ist bei dir, was du dir ansehen darfst und was du integrieren und heilen darfst.

So sei künftig bewusst, wenn wir dir ein Geschenk bringen. Es will Heilung und Befreiung bringen, denn darin hast du dich zur Inkarnation bereit erklärt. So sind dies immer wesentliche Dinge deines spirituellen Wachstums, dessen darfst du dir sicher sein, wenn dir ein Spiegel, der dich aus dem Stillstand heraus anstoßen oder in Bewegung bringen will, ein Ereignis-Geschenk in die Hand gegeben wird.

So nehmt nun eure Geschenke, ihr Lieben, und dankt für die Führung, so wie wir euch danken für euer Bemühen, den Evolutionsprozess auf der Erde voranzubringen.

Wir beschützen euch und wir führen euch
in eurem spirituellen Wachstum.
Ihr seid geliebt.
Ihr seid gesegnet.

Kapitel 12

Opferhaltung

Seid gegrüßt, geliebte Kinder des Lichts!

Wir sind gekommen, um euch Heilung zu bringen und um euch aufzuzeigen, wie Heilung für euch stattfinden kann.

Heilung, ihr Lieben, ist dann immer schwierig, wenn ihr euch der Heilung entgegenstellt. So seid guten Mutes, dass Heilung euch Leichtigkeit, Befreiung, Lebensfreude, Aufstieg ins Licht und Beseitigung eurer irdischen Nöte und eurer Verzweiflung bringen will. So ist es gewiss von Bedeutung, dass ihr Heilung zulasst und nicht blockiert. So möchten wir euch in diesem Kapitel eine große, weit verbreitete Blockade eurer Heilung aufzeigen, damit ihr sie erkennen, annehmen und auflösen könnt.

Viele von euch haben die Erfahrung gemacht, dass sie über Leiden Anerkennung, Aufmerksamkeit, Mitleid und Hilfe auf der menschlichen Ebene erhalten. Wir aber möchten euch aufzeigen, wie ihr die menschliche Hilfe gar nicht mehr benötigt und wie ihr autonom euer Leben in Freiheit führen werdet.

So lasst ab von der Vorstellung, ihr müsstet leiden, lasst ab von der Vorstellung, ihr müsstet euer Schlechtergehen zeigen, damit ihr aus eurer Not befreit werdet. Wer in dieser Rolle des Opferseins sich befindet, wer glaubt, sich immer an die letzte Stelle stellen zu müssen, um Zuwendung zu bekommen, wer diese Opferrolle angenommen hat, der hat es in der Tat schwer, Heilung anzunehmen. Denn er glaubt, ohne Schlechtergehen werde sich niemand ihm zuwenden, bekomme er nicht die ihm gebührende Aufmerksamkeit, und kann so keine Befreiung und keine Hilfe erfahren. So ist die Opferhaltung eine große Blockade für den, der Heilung wünscht, aber sie sich nicht gewähren möchte, weil er tief in sich den Glauben hat, Hilfe käme nur durch Schlecht-ergehen, durch Notstand und Leiden. Wer glaubt, immer Opfer zu sein, wer glaubt, seine Lebensumstände richteten sich immer gegen ihn, wer glaubt, ausgerechnet er, und nur er, habe immer das Pech, schlechte Menschen um sich herum zu haben, der lebt tatsächlich in einer Opferrolle.

Mit dieser Rolle, ihr Lieben, könnt ihr in blendender Weise andere dafür verantwortlich machen, dass es euch schlecht geht. Ihr braucht dann auch nicht bei euch selbst zu suchen, um euer Leben zur Wende zu bringen. Ihr seid einfach immer und unausweichlich Opfer, vom Schicksal vorherbestimmt. Ihr steht am Ende der Glücksskala und bekommt immer das Letzte ab, was ein Menschenleben hat: Pech, Niederlagen, Verluste, Leiden, Krankheit, Freudlosigkeit und Depression.

Tatsächlich und aus unserer Wahrheit heraus erfüllt der Kosmos euer inneres Gesetz, das Gesetz des Glaubens. Du glaubst nicht an Gesundheit, du glaubst nicht an Freude, nicht an Glück, Wohlergehen, du glaubst nicht an Wohlstand und Gesundheit. So ziehst du magnetisch an, was du glaubst.

So ist es nun an der Zeit, und es ist wahrhaft an der Zeit, jetzt, trotz aller anderen Erfahrungen, die du in deinem Leben gemacht hast, dein Denken und deinen Glauben zu ändern. So begib dich in die Vorstellung, dass du nicht Opfer bist, sondern Gestalter deines Lebens. Erkenne, dass du bisher in jeder Niederlage, in jeder unangenehmen Situation insgeheim die Bestätigung dafür gefunden hast, dass du ja immer Schlusslicht bist.

So lass nun neues Licht in dich einströmen, indem du diese Worte liest, lass einströmen das Licht der Erkenntnis, dass du mit der Wandlung deines Denkens Wandlung in deinem Leben herstellst. Die Energie, die euch allen jetzt bereitsteht, ist so lichtvoll, dass es so leicht ist wie nie in den letzten tausend Jahren zuvor, sich aus dem Opferglauben zu befreien. Du, der du dies gerade liest, wirst in der nächsten Zeit immer wieder Geschenke bekommen, anhand derendu erkennen darfst, dass du in dieser Situation nun keine Opferzugehörigkeit mehr leben musst. Nein, du gehst weiter und siehst, wie du dich nicht anbinden musst an das, was dir an Unangenehmem begegnet ist. Du wirst sehen, wie leicht es nun ist, jenen Misserfolg, der dir widerfahren ist, sein zu lassen, wie er ist, ihn aber nicht als Pech für dein Leben zu bewerten. Du wirst Geschenke erhalten, die dich vor die Wahl stellen, ob du bereit bist, das Opferleben weiter zu bestätigen und weitere Opfererlebnisse zu sammeln, bis du in tiefer Depression darniederliegst, oder ob du die Gelegenheit als eine Weiche für dein Leben siehst, das Geschehene geschehen sein zu lassen und die Erfahrung zu machen, dass dir Dinge widerfahren können, die nichts mit einem Opfersein zu tun haben.

So sei nun in Freude, mein liebes Kind, dass wir dir diese Wende bescheren werden, die dir die Möglichkeit gibt, zunächst an leichten, dann an schwierigeren Aufgaben dich zu üben, bis du in dir die Erfahrung stabilisiert hast: Ich bin kein Opfer meines Lebens mehr. Ich bin Schöpfer meines Lebens. Ich gestalte meine Leben in Freiheit und Freude und in Wahrheit. Denn mit dem Glauben an mein Schöpferdasein glaube ich an die göttliche Kraft in mir, und ich erfahre die Wende in meinem Leben.

So ermuntern wir euch immer wieder, euch dem Licht, eurer Kraft, eurer Göttlichkeit zuzuwenden. Wisset: Wir sind allezeit bei euch und sind ununterbrochen bereit, euch jede erdenkliche Hilfe zukommen zu lassen, die euch den nächsten Schritt ermöglicht. Habt ihr Zweifel oder seid in Trauer oder fühlt euch schwach, so sprecht uns direkt an! Dies öffnet euch für die Hilfen, die wir euch schicken möchten. Denn verschlossenen Herzen können wir kein Licht schicken, es erreicht nicht euer Herz.

Seid gewiss, wir freuen uns in für euch unvorstellbarem Maße über jeden Schritt, den ihr euch aus eurer Selbstgefangenschaft und aus eurem Opferglauben herausbewegt. Ihr dürft wissen, dass wir euch feiern für jeden Schritt, der von euch getan wird. Denn jeder Schritt eines Einzelnen ist ein Schritt zur Vervollkommnung des Ganzen, zum Vollzug des Evolutionsschritts, der eurem Planeten jetzt bevorsteht.

Wir sind in überaus großer Freude über jeden, der sein Opferdasein beendet und sich als Meister seines Lebens weiterentwickelt.

Wir lieben euch über alles.

Sananda

Kapitel 13

Anleitung zur Selbstheilung, Auflösung von Emotionen und Integration von abgespaltenen Emotionen

Sananda grüßt dich aus den Reichen des Lichts. Wir freuen uns, dass du uns suchst, und wir werden dir Hilfe geben.

Dir mag es vermessen vorkommen, wenn du zur Selbstheilung angeleitet werden sollst! Dir mögen Zweifel kommen, wenn dir gesagt wird, dass Heilung nicht von außen, sondern aus dir kommen soll. Du magst belustigt sein darüber, dass es Selbstheilung geben soll.

Wir aber sagen euch, was wir schon immer gesagt haben: Der Weg ins Licht führt nicht durch einen Reinigungsvorgang, der von außen an dir geschieht, so wie er geschehen mag, wenn dir ein Arzt ein kaltes Tuch auf eine geschwollene Körperstelle legt, sondern wir sagen dir, wie du aus dir heraus die Kraft entwickelst, die Reinigungsprozesse in Gang zu setzen, die dich befreien von dem, was nicht zu dir gehört.

So gehe folgendermaßen vor, mein liebes Kind: Nimm jenes Unbehagen, jenes unangenehme „Gefühl", jene Emotion, Angst, nimm all jenes, was wir als Geschenke bezeichnet und dir geschickt haben, nimm dies alles an, denn sie sind abgespalten, und in der Abspaltung bereiten sie dir jenes Unwohlsein, das nicht zu dir gehört, das du loswerden möchtest. So ist es von Bedeutung, dass du erst einmal annimmst, was abgespalten ist, damit du dich mit ihm vereinigen und versöhnen kannst. Jene Emotionen, jenes Unbehagen, jene Krankheit des Körpers, die du verabschieden möchtest, ist ein Zeichen von Abgespaltenheit.

Hast du eine Emotion weit, weit von dir gedrängt, weit von dir geschoben, so weit aus deinem Bewusstsein abgetrennt, dass du sie schon gar nicht mehr spüren kannst, und du hältst dich in dieser Form der Emotionsbewältigung für erfolgreich, und das nun etwa jahrelang, dann wird dein Körper dir zeigen, dass da doch noch etwas ist, was du mit Bewusstsein nicht sehen, was du nicht fühlen willst, was du tief in deine Zellen eingelagert hast. (Jede Emotion hat im Körper einen ganz bestimmten Platz, manchmal ein Organ, an dem für sie die Einlagerung vorgesehen ist, so dass bestimmte Krankheiten ihre immer gleiche emotionale Ursache haben.) Da dein Körper mit deinem ganzen Sein verbunden ist, wird er dich an jenes Abgetrennte erinnern, denn aus deinem übergeordneten Eins-sein-Wollen heraus möchtest du ja, dass du heil bist. Nur hast du eben damals dieses Abgetrennte so weit von dir entfernt in dein Zellgut abgestellt, dass du vielleicht gar nicht mehr so recht weißt, wohin du was verlagert hast. Dann zeigt dir dein Körper, wo doch noch etwas ist.

Du siehst: Du hast ein perfekt eingerichtetes Innenleben, das gesamtheitlich in vollkommener Weise funktioniert, und es ist sogar mit einem solchen Sicherheitssystem ausgestattet, dass du dich selbst gar nicht überlisten kannst. Denn dein Körper übernimmt jene Erinnerungsfunktion, die du auf der Bewusstseinsebene dir nicht eingestehen wolltest oder noch nicht eingestehen konntest. So hat jede Krankheit die Aufgabe, dich an etwas Verdrängtes oder Abgespaltenes zu erinnern.

Vollkommene Heilung also kann nur geschehen, wenn der abgespaltene Teil wieder in die Einheit mit dir geführt wird. Das, was du einst nicht mehr fühlen wolltest oder (ertragen) konntest, nimmst du jetzt an und führst es in die Einheit mit dir, d.h.: Du wirst nun wieder ganz und heil und schließt mit diesem – sagen wir mal: unerfreulichen Gast – Frieden.

Hast du dies getan, kannst du ihn schließlich entlassen. Dann vollzieht sich Heilung für euch auf unvorstellbar schnelle Weise, und wir dürfen euch auch sagen, sie vollzieht sich vollständig.

Im Folgenden möchten wir den Vorgang der Selbstheilung und Auflösung von Emotionen, die nicht zu dir gehören, als Anleitung in einzelnen Schritten vorgeben:

Stelle zunächst sicher, dass du ungestört bist, dass dich niemand ans Telefon holen, niemand deinen Raum betreten wird.

1) Bitte uns vor jeder Heilung und Auflösung um Schutz und Führung. Bitte deinen Körper, dir zu zeigen, was jetzt geheilt werden darf, bitte ihn, es loszulassen.

   Du kannst, wenn du möchtest, gern eine Kerze anzünden und dabei sagen:

   „Mit diesem Licht bitte ich Sananda um Anwesenheit, um Schutz und um Führung. Ich bitte jetzt um Heilung."

   „Ich bitte meinen Körper, mir zu zeigen, was zur Heilung geführt werden darf, und ich bitte ihn, es loszulassen."

2) So nimm nun wahr, wenn dir eines jener Geschenke gemacht worden ist, welche Emotion sich in dir zeigt.

Schau sie dir an, richtig so, als wäre sie etwas, was irgendwo in deinem Körper sich befindet. Du wirst nun erkennen, dass es für dich wie ein Fremdkörper aussieht, den du siehst und fühlst.

3) Dann führe deinen Atem bewusst an jene Stelle, an der sich jener Fremdkörper befindet. Stelle dir an dieser Stelle deines Heilungsprozesses vor, du atmest weißgoldenes Licht ein, das du durch einen schmalen Kanal wie durch einen Schlauch aus dem Himmel durch deinen Scheitel holst. Atme bewusst und führe deinen Atem mit jedem Atemzug immer und immer wieder an die Stelle des Fremdkörpers oder wo du Schmerzen wahrnimmst.

4) Der Fremdkörper mag sich nun mehr und mehr an Kontur für dich zeigen. Wenn du dich an eine bestimmte frühere Situation erinnert fühlst, so nimm sie mit hinein in dein Bild.

5) Nun sprich diesen Fremdkörper an, erkenne ihn an als deine Emotion oder deine Verletzung, Angst, Kränkung ..., die du erfahren, aber bisher nicht vollkommen angenommen

hast. Bedanke dich bei ihr dafür, dass sie sich dir zeigt. Während du das tust, atmest du weiter weißgoldenes Licht durch deinen Scheitel ein. Schließe nun Frieden mit dieser Emotion und nimm sie, wenn du magst, in deiner Visualisierung in deine Hände, denn sie ist ja tatsächlich dein, und sprich die Worte:

„Ich danke dir, dass du dich mir gezeigt hast. Ich erkenne dich an als meine Emotion, Kränkung ... Ich bin aber ab sofort nicht mehr bereit, dich zu leben. Ich bin ab sofort nur noch bereit, das zu leben, was ich von meinem Ursprung her bin. Ich bin nur noch bereit, Freude, Leichtigkeit, Liebe, Wahrheit und göttliches Licht zu leben."

Wenn du keine klare Emotion benennen, sondern nur einen Fremdkörper erkennen kannst, dann sagst du:

„Ich erkenne dich als mein an. Ich bin aber nun nicht mehr bereit, dich zu leben. Ich bin nur noch bereit, das zu leben, was ich von meinem Ursprung her bin. Ich bin nur noch bereit, Freude, Leichtigkeit, Liebe, Wahrheit und göttliches Licht zu leben."

6a) Während du nun weiteratmest, wirst du vielleicht sehen, wie jener Fremdkörper deinen Körper verlässt oder wie er sich auflöst.

6b) Es mag auch sein, dass er deinen Körper nicht von selbst verlässt. Dann sollst du dieses Fremde mit deiner Hand aus dem Körper nehmen (deine Hand ist real, der Fremdkörper ist in der Visualisierung). Stelle dir dann ein violettes Feuer vor, das in deiner unmittelbaren Umgebung lodert.

Nimm nun das Fremde mit der linken Hand und ziehe es vorsichtig aus deinem Körper. Beobachte, wie es langsam aus dir herausgleitet, und wirf es in die violette Flamme.

Sie ist die Transformationsflamme, in der das Entfernte zu Licht umgewandelt wird.

7) Lasse nun durch deine Atmung grünes Licht der Heilung an jene Stelle gelangen, an der du etwas herausgenommen hast oder wo sich etwas verflüchtigt oder aufgelöst hat.

8) Danke dann für die Hilfe und den Schutz und die Heilung, die du erfahren hast.

9) Gönne dir Ruhe, evtl. Wärme und trinke viel Wasser.

Du wirst sehen, dass während des Heilungsprozesses große emotionale Wallungen und Stauungen aufbrechen. Es mag sein, dass dir Tränen kommen, auch ist es möglich, dass du zitterst. Lass dies alles zu. Dies ist notwendig und Zeichen dafür, dass die Emotionen aufsteigen und deinen Körper verlassen möchten. Solltest du das Bedürfnis haben zu gähnen, so wisse, dass durch das Ausatmen beim Gähnen Emotionen deinen Körper jetzt verlassen. Lass es zu, gähne, solange dein Bedürfnis danach ist. Du wirst danach sehr deutlich wahrnehmen können, wie du dich geklärt und gereinigt fühlst. Ermögliche diesen Emotionen, deinen Körper zu verlassen, ganz ohne Unterdrückung des Bedürfnisses auszuatmen. Dies kann eine recht anstrengende Phase der Reinigung sein, doch wisse, jetzt verlassen jene Emotionen deinen Körper für immer.

Wenn du gedankt hast, wirst du merken, dass du nun Ruhe, vielleicht Schlaf brauchst. Auch dies solltest du dir nicht verwehren. Dein Körper hat eine große Arbeit geleistet und zeigt dir, was er nun braucht. Er hat viel Energie aufgewandt, und so kann es sein, dass du frierst. Dann halte dich warm!

Sind große Heilungsprozesse ausgeführt worden, so wirst du merken, dass du auch in den nächsten Tagen mehr Schlafbedürfnis hast. Folge nun deinem Körper und danke ihm, dass er dir die Stelle gezeigt hat, an der etwas zu befreien war, und dass er es losgelassen und hinausgeführt hat. Bedenke, dass bei einem solchen Heilungsprozess auch Altes aus früheren Inkarnationen freigesetzt und geheilt werden kann, solches, was dir zu heilen in vielleicht mehreren Inkarnationen nicht gelungen ist. Dein Körper mag dann entsprechend große Erschöpfung zeigen.

Auch durch den Harn werden, wie du sicher merkst, Bestandteile des Alten aus deinem Körper geschwemmt. Deshalb ist es unbedingt erforderlich, dass du sehr viel reines Wasser trinkst. Wasser ist besonders aufnahmefähig, um diese Fremdstoffe auszuspülen. Manche Menschen spüren nach starken Heilungsprozessen an den Nieren deren verstärkte Tätigkeit. Mangel an Flüssigkeit nach der Heilung kann zu Kristallisationen in den Nieren führen, die dann als Nierensteine schmerzhaft den Körper verlassen.

Ist die Heilung vollzogen, wirst du in den nächsten Tagen Situationen erleben, die in dir früher die alten Verletzungen, Ängste ... ausgelöst haben. Nach deiner Heilung wirst du erkennen, dass diese Situationen nun keine dieser gewohnten Emotionen auslöst. Du wirst dich fragen: „Nanu, was ist denn mit mir los? Vor kurzem habe ich in dieser Situation noch Angst ... gehabt!“ Dies wird dir geschickt, damit du erkennst, dass Heilung sich vollzogen hat.

Manche Verletzungen, Emotionen, Ängste sind so groß, dass sie nicht auf einmal geheilt werden können. Dann wird es dir gelingen, in mehreren Heilungsvorgängen dieses Thema Schicht für Schicht abzutragen. Es kann sein, dass du glaubst, dass du eine Emotion bereits vollständig in die Transformation geführt hast. Nach einigen Tagen oder Wochen jedoch stellt sich nicht der Bestätigungseffekt ein, sondern du merkst, dass hier noch etwas zu tun ist. Dann sei unbesorgt! Manche Geschenke sind nun mal so groß, dass dein Körper sie nicht auf einmal verkraften kann. Dann schicken wir dir eben mehrere kleinere Päckchen zum Auspacken, oder du findest in Kapitel 22 Hilfe und Rat, Lichtmenschen zu finden, die dir in der Heilung weiterhelfen.

Du darfst sicher sein, dass wir dir, wenn du nun nach dieser Anleitung zum ersten Mal arbeitest, zunächst kleine Geschenke zu Übungszwecken schicken. Nimm sie an und übe daran, damit du dann die größeren, die kommen möchten, in guter Übung ins Licht schicken kannst.

Mit jeder Auflösung, mein liebes Kind, wirst du nach und nach leichter, dein Leben wird sich ändern, du wirst jene anziehen, die dir in deiner neuen inneren Gestalt mehr und mehr entsprechen, und die Alten werden dich nicht mehr aufsuchen, und du wirst sie nicht vermissen. Sieh, wie dein Leben sich ändert, und freue dich darüber, wie die Gesetzmäßigkeit sich zeigt, dass die Veränderung des Innen Veränderungen im Außen mit sich zieht, ohne dass du im Außen etwas dazu beitragen musst. Ist das nicht wunderbar?

Mit jeder Auflösung bereitest *du dich* mehr und mehr vor für das neue Zeitalter, in dem es keine Polarität mehr geben wird, in der nur geklärte Seelen und Körper in der neuen Erdschwingung sich werden aufhalten können. Sieh, welche Göttlichkeit wir dir zur Entfaltung gegeben haben! Ist es nicht ein wunderbares Geschenk?

Ihr seid geliebt!
Wir wünschen uns nichts sehnlicher,
als euch bei eurer Heilung zu begleiten.
Seid gegrüßt und macht regen Gebrauch
von unserer Hilfe!

Kapitel 14

Licht

Seid gegrüßt, ihr Lieben! So sind wir heute gekommen, um euch zu zeigen, was Licht ist.

Licht, ihr Lieben, wie wir es nennen, ist Energie!

Licht ist für euch jene Energie, die euch sichtbar macht, was ihr ohne Licht nicht zu sehen vermögt. Licht aber in unserem Sinne, so sagen wir euch, ist viel mehr als das, was euer irdisches dreidimensionales Sein und eure dreidimensionalen Erfahrungen euch auf der Erde zeigen können. Natürlich ist es so, und das haben eure Wissenschaftler richtig erkannt, dass Licht Schwingung ist, die in verschiedenen Ebenen ihr Auf und Ab schwingt. Licht als Partikel ist eine Theorie, die nicht von Dauer sein wird. Sie ist eine vorübergehende Hilfskonstruktion, die nach einiger Zeit durch eine präzisere Fassung von euch so nicht mehr gehalten werden kann.

Licht aus unserer Sicht, ihr Lieben, Licht auf Erden und Licht in euch, ist weit mehr, als ihr euch bisher vorstellen konntet. Licht in unserem Sinne ist eine viel umfassendere Energieform, als dass sie wissenschaftlich – wir sagen hier lieber nicht naturwissenschaftlich, sondern menschenwissenschaftlich – von ihrer existenziellen Art her bestimmt werden könnte. So ist es auch hier, wie in vielen anderen Dingen: Eure Beschränktheit und Engsicht behindern euch daran, zu erkennen, was Licht in Wahrheit ist!

Licht ist jene Energie, die zu innerem Erkennen führt. Licht ist die Energie, die euch das erkennen lässt, was der menschliche Gehirnstoffwechsel nicht leisten kann, um bestimmte

Dinge zu erkennen. So könnt ihr euch ruhig einen Raum vorstellen, in dem vieles vorhanden ist, ihr kennt aus eurer Erfahrung im Sein in diesem Raum all das, was physisch erfahrbar ist: Ihr stoßt hier an etwas an, ihr stoßt dort an Grenzen des Raumes usw. Kommt nun Licht in diesen Raum, so benötigt ihr die physischen Erfahrungen nicht, ihr könnt sehen! So dürft ihr euch die Wirkung unseres Lichtes vorstellen, das ihr zumeist mit euren Augen nicht sehen könnt. Es schafft in euren Zellen eine Wahrnehmung, die so ohne dieses Licht nicht möglich ist. So kennt ihr jenes Phänomen, das ihr an Pflanzen beobachten könnt. Wenn ihnen das Licht fehlt, findet der biologische Stoffwechsel in der Pflanzenzelle nicht mehr statt. So könnt ihr euch aber auch vorstellen, ihr seid wieder jene Zwiebel, die Wurzel jener Pflanze, von der wir euch erzählt haben, die nun ihr Leben nicht aktiv lebt im Sinne von Vermehrung der Zellen, von Wasseransammlung, Wassertransport, von Atmung und Umwandlung von natürlichen Stoffen, sondern die nun, wenn sie im Dunkel geruht hat, wenn sie im Boden steckt und Licht und Wärme hinzukommt, beginnt zu wachsen.

So, ihr Lieben, könnt ihr euch auch euer spirituelles Dasein wieder vorstellen. Ohne das Licht und ohne das Sein zur rechten Zeit am rechten Ort könnt ihr nicht wachsen!

So liegt es an euch, ihr Lieben, dass ihr das Licht, das wir euch schicken möchten, bewusst annehmt und in euch aufnehmt, damit der Stoffwechsel des spirituellen Wachstums aktiv sein kann. Ihr könnt wie jene Zwiebel Jahr um Jahr ohne Licht überleben, aber das Leben in aktiver Form mit Wachstum und Ausdehnung findet nur statt, wenn die richtigen Begleitumstände vorhanden sind.

So seid euch bewusst, dass unser Licht, das wir euch für euer Wachstum schicken, nicht jenes Licht ist, von dem eure Physiker und Biologiewissenschaftler sprechen. Wir benutzen das gleiche Wort wie für unser Wachstumslicht. Unser Licht aber ist von viel höherer und feinerer Schwingung. Es ist menschenwissenschaftlich nicht greifbar, wohl aber für jeden von euch erfahrbar.

So ermuntern wir euch hier, unser Licht anzunehmen, es aufzunehmen, es in eure Zellen zu integrieren und wahrzunehmen. Denn dieses Wachstum ins Licht ist ja auch Wachstum zum Licht hin! Indem ihr das Licht aufnehmt, wachst ihr auf das Licht zu, entwickelt aber auch nach unten in der Erde unsichtbar zunehmend Standfestigkeit. So geht jedes spirituelle Wachstum auch mit zunehmender Erdverbundenheit einher. Manche unter euch, die deutliche Entwicklungsschübe ins Licht erfahren haben, haben gespürt, dass ihnen mitunter diese Erdverbundenheit verloren gegangen scheint. Sie fühlen sich leicht, wie körperlos und auf bestimmte Weise nicht körperlich vorhanden. Dann haben sie die Erfahrung gemacht, dass sie auf irgendeine Weise wieder Erdanbindung suchten, um ihre Wurzeln weiter in die Tiefe zu treiben. Das ist erforderlich, um in Balance zu bleiben. Ihr könnt dies auch wieder als eine Form der Polarität sehen: Wenn der eine Pol wächst, muss der andere mitwachsen, damit Ausgewogenheit herrscht.

So geben wir euch folgende Übung, um das Licht der Klarheit, der Heilung, des Erkennens und der Wahrheit aufzunehmen:

Bittet zunächst wieder Erzengel Michael um Schutz all eurer Seinsebenen und eures Anbindungskanals. Dann bittet ihr, Licht zu empfangen vom Höchsten, und stellt euch vor, wie weißes Licht von höchster Stelle des Universums durch einen Kanal in euren höchsten Scheitelpunkt des Kopfes einströmt und sich in alle Teile des Körpers verteilt. Eure Vorstellung dabei ist die Visualisierung, mit der ihr von eurer Seite aus den Kanal herstellt und öffnet.

Unsere Türen sind für euch immer offen! Ihr werdet erfahren, wie stark die Veränderung in eurem Befinden sein wird, wenn ihr diese Übung für einige Minuten durchgeführt habt. Ihr könnt euch auch vorstellen, wie ihr mit jedem Atemzug Licht aus dem Kosmos durch den Scheitelpunkt einatmet.

Danket nach der Übung.

Diese Übung hat klärende Wirkung, denn unser Licht ist das Licht der Klarheit. Dieses Licht hat Wirkung von Heilung, denn unser Licht ist das Heil der Menschen. Dieses Licht hat Wirkung des Erkennens, denn unser Licht ist das Licht der Wahrheit. Dieses Licht hat Wirkung der Liebe, denn unser Licht ist Liebe.

So bieten wir euch an, euch zu bedienen aus dem Licht, das wir für euch ohne Unterbrechung und ohne Bezugsgebühr ständig bereithalten. Dieses Licht ist unerschöpflich, dieses Licht ist für alle Wesen in unbegrenzter Fülle vorhanden.

Bedient euch an dem Geschenk Gottes, damit ihr wachst und den Frieden in euch findet, damit ihr das Heil und Heilung in euch aufnehmt, Liebesenergie tankt und diese Liebesenergie euch ganz und gar ausfüllt. Denn ihr seid aus Liebe, und die Liebe wird in euch wieder erwachen, indem der Gleichklang der göttlichen Liebe, die ihr einnehmt, jene wieder in Resonanz bringt, die euch von eurem Sein her von Anfang an gegeben wurde.

So sättigt nun eure Zellen, so oft ihr mögt. Das Tischlein-deckdich, das Schlaraffenland und die kostenlose Tankstelle des Universums haben ihre Türen für euch immer geöffnet. Nun öffnet die euren!

Ihr seid geliebt!

Kapitel 15

Liebe

Seid gegrüßt, ihr Lieben! So haben wir euch schon so oft angesprochen, so haben wir euch schon so oft genannt. Und ist es wahrhaftig in euer Herz eingedrungen, was wir so oft schon sagten: ihr Lieben!?

Seid ihr euch wirklich bewusst dessen, was ihr in Wahrheit seid? So sagen wir euch gern noch einmal und geben euch zu lesen: ihr Lieben! Nun, ist es angekommen, was wir so oft und immer wieder über euch sagten? Ihr seid Liebe!

So seid euch bewusst, was eure wahre Essenz ist, seid euch bewusst, was ihr mit euch zur Erde gebracht habt. Seid euch bewusst, dass eure Zellen bereit sind, so viel Liebe aufzunehmen, zu tragen und weiterzugeben, dass ihr niemals leer werdet. Ihr seid von Gott geschaffen AUS Liebe! So seid ihr nun auch Liebe, vollkommen und ganz!

Freut euch dieser Botschaft und seid euch dessen bewusst, wie ihr euer Leben führt: Was erlebt ihr, was erfahrt ihr, was denkt ihr, was macht ihr in eurer Macht? Macht ihr Liebe?

So ist auch hier nun der Zeitpunkt gekommen, Geliebte, dass euer Leben eine Wende haben darf, eine Wende von einer Größe und von einem Ausmaß, das ihr in einer mathematischen Kehrtwendung von 180° nicht annähernd ausdrücken könnt. Nein, diese Wende ist bedeutungsvoller, wirkungsvoller, als eure menschlichen Gehirne, Erfahrungen und Vorstellungen erarbeiten oder erdenken können. Diese Entscheidung wird die Welt verändern. So seid nun gewiss, nach all den vorangegangenen Informationen, die ihr von uns aufgenommen habt, dass jeder von euch maßgeblich beteiligt ist an dem Prozess der Umwandlung der Erde in eine neue Erde, indem er sich für die Liebe entscheidet. Ihr habt damals aus unserem Munde gehört, dass die Liebe Berge versetzen kann. Ich aber sage euch heute: „Die Liebe wird die Erde zu einer neuen Erde machen, und ihr seid die Macher! Ihr seid die Schöpfer des neuen Himmels und der neuen Erde, und so sind wir bereit, euch dabei zu unterstützen, wann immer ihr unsere Hilfe braucht."

So seid, ihr Lieben, im Frieden mit euch, schafft die Voraussetzungen, die wir in den vielen vorangegangenen Kapiteln aufgezeigt haben, um mit euch in Frieden zu kommen, und integriert, was wir euch zu integrieren gezeigt haben. Mit jedem Teil, der von euch abfällt, werdet ihr reiner, wird die Liebe in euch klarer, werden eure Zellen frei für die Liebe, mit der ihr alle Kraft zur Verfügung habt, die Kinder Gottes haben können. Seid euch bewusst, dass ihr aus Liebe geschaffen und dass ihr von Gott als seine Kinder – so unser bildlicher Vergleich – geschaffen seid, und so habt ihr göttliche Anteile in euch, vor allem die Liebe.

So ist die Liebe das Heilmittel allen Schmerzes und aller Krankheit. Ihr wisst es aus zahlreichen Erfahrungen: Wer liebt, ist niemals krank! Liebe ist Kraft. Liebe ist Gesundheit, Liebe ist Energie. So wisst ihr nun, dass der, dessen Energien nicht richtig fließen, krank wird. So löst auf die Blockaden in euch, zu heilen alles, was euch an Krankheit von der überströmenden Lebensfreude entfernt.

Die Liebe ist die Heilung zwischen den Menschen, sie ist Verzeihen, Vergebung, sie ist Toleranz. Sie ist Akzeptieren des anderen, so wie er in seiner Andersartigkeit ist. Liebe ist Vollkommenheit! Die Liebe kennt keinen Mangel, sie kennt kein Opfersein und kein Verlustdenken. Die Liebe ist in unbegrenzter Fülle vorhanden und geht niemals zu Ende. So gebet in Liebe und nehmet in Liebe!

Nehmet und gebet im Gleichmaß. Wer immerzu nur gibt, aber nicht nimmt, wird bald leer sein, wird nicht in Wahrheit geben können, wird nur noch in leeren Formeln des Gebens handeln, und er wird, weil er das Gefühl hat, nicht richtig gegeben zu haben, noch mal und noch mal geben wollen. Da er aber sich mit Liebe nicht gefüllt hat, wird sein Geben leeres Handeln bleiben.

So haben Glaubensinstitutionen euch das Geben vor dem Nehmen gelehrt. Ich aber sage euch wieder: Wer gibt, soll im Gleichmaß nehmen!

Der Evolutionsschritt, der nun begonnen hat, sich zu vollziehen, ist ein Schritt, der aus der Liebesenergie entsteht. Und so sage ich euch: Liebt euch, liebt euch über alles! Liebet alles, was ihr tut! Tut alles in Liebe zu euch. Wenn ihr esst, dann seid euch bewusst, dass ihr euch dies in Liebe antut. Wenn ihr euch kleidet, so tut dies in der Liebe zu euch. Wie liebe ich mich am meisten? Wie kleide ich mich, dass ich mich heute am meisten lieben kann? Was esse ich und wie esse ich und mit wem esse ich, damit ich meine Liebe zu mir am besten erfahren, mich mit Liebe aufladen kann? Wenn ich mit einem Menschen spreche, was sage ich ihm aus meinem Herzen, damit ich meine Emotion zu ihm in Wahrheit austauschen kann? Wie verbringe ich heute die freie Zeit meines Tages, damit Liebe in mir fließt? Wie verbringe ich meine Zeit morgen mit mir ...? Tut alles, ihr Lieben, tut alles in Liebe zu euch! Die Liebe zu euch führt euch ins Bewusstsein zu euch, sie gibt euch Stärkung, sie gibt euch Gesundheit, sie gibt euch Lebensfreude, sie gibt euch Glückseligkeit auf Erden.

Glaubet nicht den anderen „Göttern", die euch erzählen wollen, der andere sei wichtiger als ihr. Wenn du überfließt von Liebe, wird der Nächste davon nass! Wenn dein Sein überfließt von Liebe, wenn dein Liebesfluss über die Ufer tritt, dann wird dein Nachbar davon beeinflusst. Wenn du Liebe verstrahlst, dann steht dein Kollege in deiner Strahlung! Wenn du Liebe ausströmst, dann sind alle Wesen in deiner Umgebung in deinem Liebesstrom.

So erkennet auch, dass für etliche unter euch die Materie, das Geld, der Besitz, ein Ersatz für Liebe ist. Da diese Menschen aber die Liebe oftmals nicht haben, können sie von dem Überfluss ihres Besitzes nichts abgeben. Die Liebe aber strahlt und strömt und breitet sich aus und erreicht, oft ohne ein einziges Wort, das Herz anderer. Ein Sonnenschein, der dir in der Straßenbahn gegenübersitzt oder der du für andere bist.

So suchet die Liebe, suchet sie in euren Herzen, denn dort ist sie am stärksten zu finden. Aus dem Herzen entspringt alles, was die Welt verändert. IM HERZEN HAT GOTT DAS ZENTRUM DER LIEBE GESCHAFFEN. Dort liegt es ohne jede Veränderung, unabhängig von Epochen und Machtverhältnissen, politischen Wandlungen und kirchlichen Erstickungsversuchen.

So sagen wir noch einmal: Jede eurer Zellen darf angereichert werden mit Liebe, prall angefüllt, bis sie nichts mehr ist als Liebe!

Nehmt dies als Übung für euch, indem ihr euch vorstellt, jede einzelne eurer Zellen ist reine Liebe und ist vollkommen gefüllt mit Liebesenergie. Du wirst das Wunder erleben, wie viel Energie in deiner Liebe steckt, und wie du andere anstecken möchtest.

Öffnet euer Bewusstsein für euer Sein: IHR SEID LIEBE!

Ihr seid wiedergeliebt, ihr Lieben!

Kapitel 16

Vertrauen

Seid gegrüßt, ihr Lieben. Wir freuen uns, dass ihr unser Rufen vernommen habt und bereit seid, euch nun einzulassen auf jenes Neue, was wir euch mitgeben möchten.

So habt ihr es oft gehört, jenes Wort, dessen Bedeutung euch nur von der einen Seite eures Menschseins bekannt ist. Diese andere Seite aber ist es, mit der wir euch hier und jetzt vertraut machen möchten: das Vertrauen.

Aus eurer irdischen Seite kennt ihr das Wort, und ihr alle habt Erfahrungen gemacht mit dem Vertrauen und dessen Gegenpol, dem Misstrauen. So gibt es keinen unter euch, ihr Kinder des Lichts, der nicht auch den Gegenpol erfahren hätte. Dies war so gewollt und ist mit eurer Einwilligung geschehen, mit eurer Einwilligung, die ihr gegeben habt, als ihr noch körperlos wart und euch auf das irdische Leben vorbereitet habt. Mit dem Eintreffen auf der Erde ist eure konkrete Erinnerung daran geschwunden, damit diese Erfahrung gemacht werden konnte. Hättet ihr die Erinnerung gehabt, dass euer Vertrauen missbraucht werden würde, so hättet ihr alles darangesetzt, diese Erfahrung zu verhindern, denn die Kränkung, die durch Vertrauensmissbrauch entsteht, ist heftig. So ist es also mit eurem Einverständnis geschehen, dass eure Ungebrochenheit im Vertrauen gebrochen wurde.

Diese Vertrauensbrüche sind geschehen auf der Erde und im irdischen Sinn. So ist es nun an der Zeit, ihr Lieben, dass ihr euch auf das Vertrauen in eure Göttlichkeit einlasst.

Eure Anbindung an die Göttlichkeit, die ihr in euch findet, ist von größter Bedeutung für euch und euer spirituelles Wachstum.

Vertrauen ist blinder Glauben ohne Anhaltspunkte.

Wenn du jemandem etwas glaubst, dann glaubst du ihm, weil er dich noch nie getäuscht oder belogen hat und du keine Zweifel an ihm hast, und die Dinge im Umfeld sind so gestaltet, dass sie mit deinem WISSEN zusammenpassen. Alles ist dann glaubwürdig. Passen die Dinge nicht mit dem Gesagten zusammen, dann zweifelst du. Du bist nicht sicher im Glauben, denn es gibt Punkte, an denen du dich nicht festhalten kannst. Da du Erfahrungen gemacht hast mit Vertrauensmissbrauch, wirst du hier zweifeln und nicht glauben, geschweige vertrauen. Wenn du glaubst, wirst du also nach Anhaltspunkten für deinen Glauben suchen. Du weißt nicht, du kannst dich nicht überzeugen, aber du suchst nach Zusammenhängen, in die du einbauen kannst; in die das Gesagte passend einfügbar ist in das, was du weißt.

Mit dem Vertrauen, meine Lieben, verhält es sich nun so, dass du keinen Anhalts-Punkt hast, um das anzunehmen, was dir bevorsteht, um dich auf das einzulassen, auf das, was auf dich zukommt. Vertrauen ist das vollkommene Annehmen dessen, was du nicht weißt, was du nicht wissen kannst. Vertrauen ist das, womit du arbeitest, wenn du keinen Anhalt, wenn du keinen Halt (mehr) suchst. Vertrauen ist, das was du benutzt, wenn du blind weitergehst und frei bist von Zweifeln, frei von Absicherungen, frei von Glauben. Vertrauen ist also die höchste Stufe in der Folge: zweifeln – glauben – vertrauen. Das Vertrauen ist völlig losgelöst von irgendwelchen Haltepunkten, frei von Erfahrung, frei von den Anhaltspunkten, die der Glaube noch hat. Das Vertrauen ist das, was du hast, wenn du ohne Angst ins Leere gehst. Diese Zweifelsfreiheit, diese Vorbehaltlosigkeit und Freiheit von Angst und Zweifeln ist die höchste Form spirituellen Lebens, das gegenwärtig auf der Erde möglich ist. Diesen Zustand, meine Lieben, bitten wir euch anzustreben, diesen Zustand zu erreichen, sind wir ununterbrochen bemüht, euch zu führen. Denn das Vertrauen ist es, was die vollkommene Leere bedeutet, die wir benötigen, um ganz und gar euch ausfüllen zu können. Die vorbehaltlose Befolgung unserer Wegweisungen ist es, die euch befreit von den unangenehmen Erfahrungen der Inkarnationen menschlicher Vergangenheiten.

So wünschen wir uns – und wir sagen es immer wieder – nichts sehnlicher, als euch begleiten und euch führen zu dürfen. Je freier ihr seid von euren menschlichen Vorerfahrungen der Erdenzeit dritter Dimension, je offener ihr seid, freizugeben, was ihr erfahren habt in der endenden Evolutionsstufe, desto freier und leichter werdet ihr hinübergehen in die nächste Stufe des Seins.

So sind wir mit allem, was wir euch an Geschenken geben, immer dabei, euch frei zu machen, euch die Loslösung, das Loslassen vom Alten anzubieten, damit ihr aus den Erfahrungen euch befreit, dass ihr Glauben annehmt und schließlich Vertrauen annehmt und den Glauben fallen lasst. Denn der Glaube ist nur eine Brücke zwischen den Erfahrungen, die ihr gemacht habt, und dem Vertrauen, das euch die Leere und Offenheit bedeutet, die wir benutzen möchten, um euch in die vollkommene Führung hinüberzubegleiten. Diese Führung, meine Lieben, erkennt ihr aus eurem innersten Licht heraus, dem Licht, das nie erloschen ist und das vom Vater kommt. Dieses Licht zu finden, wiederzufinden und zu eurer Führungsautorität wiederzubeleben und wieder anzuerkennen, ist die Aufgabe, die euch in dieser Phase der Evolution gegeben ist.

So seid getrost im Loslassen aller Bindungen, im Loslassen aller Zweifel, seid frei im Vertrauen, damit die ganze Fülle der Führung von euch Besitz nehmen kann. Und dann werdet ihr sehen, wenn diese Prüfung des Vertrauens ihr durchlaufen habt, geschieht das Leben in Leichtigkeit und in Freiheit und ohne all diese Widerstände, die ihr in den vergangenen Inkarnationen kreiert habt.

Und so bitten, so laden wir euch ein in die Freiheit des Vertrauens, die die größte Freiheit und die größte Freude ist, die ihr in der gegenwärtigen Zeit erfahren könnt und die um ein Vielfaches größer ist, als ihr euch in eurer Gebundenheit gegenwärtig vorstellen könnt.

Nehmt euch diese Freiheit, sie ist EUER! So versichern wir euch wieder unsere Freude über euch, unsere Freude über jeden Schritt in die Freiheit, über jeden Schritt in die Annahme des Lichts und der Führung in euch, und unser Jubel ist groß über einen jeden, der loslässt, was zum Alten gehört. Denn mit jedem Loslassen von Altem wird der Planet leichter, werdet ihr leichter, richtet ihr euch auf und nehmt an eure Göttlichkeit in euch, mit der ihr zunehmt an Bewusstheit über euer wahres Wesen.

Ihr seid geliebt, und wir sind allezeit gern bereit, euch zu begleiten ins Licht, in die Leichtigkeit, in die Wahrheit eures Seins, ins Vertrauen.

Sananda

Kapitel 17

Wahrheit

Seid gegrüßt, seid willkommen, geliebte Kinder des Lichts! Wir sind in großer Freude, euch jetzt durchgeben zu können, was für euch in dieser Zeit so außerordentlich von Bedeutung ist. Und so freuen wir uns, dass ihr, die ihr dieses Kapitel eures Lebens aufgeschlagen habt, nun bereit seid, in euch aufzunehmen und zu verinnerlichen. Oft schon habt ihr ja um dieses Thema euch bemüht, bemüht im irdischen Sinne, so wie euer Menschsein euch Wahrheit bisher hat erkennen lassen.

Wir aber aus unserer Wahrheit möchten euch nun teilhaben lassen an der Wahrheit, die euch nun zuteil werden darf. Und so offenbaren wir euch, was euch für lange Zeit, Generationen um Generationen, verschlossen geblieben ist, es sei denn, ihr seid Erleuchtete gewesen in vergangenen Leben.

Wahrheit, meine Lieben, könnt ihr euch vorstellen als verschiedene Schichten. Nehmt eine Zwiebel, nehmt einen Apfel oder nehmt etwas, was von seiner physischen Form her in Schichten um einen Kern gegeben ist.

Wer einen Apfel, wer eine Zwiebel von außen sieht, die äußere Schale also, der sieht mit seinen physiologischen Augen jene äußere Schutzhaut, die der Frucht von der Natur her gegeben ist. Und es ist Wahrheit: Ihr erkennt die Frucht an der Beschaffenheit der äußeren Schale, und ihr könnt sie voneinander unterscheiden, den Apfel von der Zwiebel. Das ist Wahrheit, und keiner von euch zweifelt daran, dass das Äußere ein sicheres Unterscheidungsmerkmal ist für euch, um das eine von dem anderen zu unterscheiden.

Nun kann Wahrheit aber auch gewonnen werden aus der Betrachtung der nächsten, euren Augen nicht sich zeigenden tieferen Schicht. Ihr könnt die äußere Schale des Apfels abschälen, und ihr könnt die äußere Schale der Zwiebel abblättern. Was ihr nun wahrnehmt, hat ein anderes Aussehen als die ursprüngliche Oberfläche. Eure Wahrnehmung bekommt nun eine neue Qualität: Ihr nehmt nun aus der Entfernung von Hand zu Gesicht nicht nur mit euren Augen wahr, ihr nehmt auch mit der Nase wahr. Der Apfel entfaltet nun den für euch unverwechselbaren Duft, die Zwiebel beginnt nun ebenfalls ganz leicht eure Nase zu berühren, in einer feinen, wir dürfen sagen, diskreten Art – im Vergleich zu später. Setzt ihr nun den Schälvorgang fort zur nächsten Schicht, so seid ihr beim Apfel nun schon weit in der Mitte, dem Zentrum seiner Bestimmung von Fortpflanzung, die Zwiebel wird nun nicht nur von der Nase wahrgenommen, sondern die Augen, die ihr zuvor natürlich nur zum Sehen genutzt habt, zeigen euch auf eine andere Weise, dass eine Zwiebel in eurer Hand liegt. Ihr braucht, ja, ihr möchtet die Augen gar nicht öffnen. Eure Augen erkennen in der ganzen Macht des Zwiebelaromas, ohne zu sehen! Dieser Vorgang findet bei der Zwiebel nun Schale um Schale, Schicht um Schicht bis zu ihrem Mittelpunkt statt, jenem Zentrum, das geeignet ist, das Fortbestehen, die Fortpflanzung, die Fortsetzung des Lebens in einer neuen Hülle, die sie durch das Gesetz der Natur neu entwickelt, sozusagen mit einer neuen Körperhülle das Leben neu aufzunehmen.

So, ihr Lieben, dürft ihr euch vorstellen, geschieht es mit euch! Ihr geht tiefer und tiefer in euch hinein, Schicht um Schicht, ihr entdeckt auf dieser Reise nach innen eine neue Stufe der Bewusstheit und Schicht um Schicht eine tiefere Wahrheit, bis ihr zu eurem Innersten, dem unsterblichen Zentrum, gelangt seid.

In dieses Zentrum nehmt ihr nun alle Erfahrungen durchlaufener Bewusstheitsprozesse mit hinein und seid nun bereit, mit diesem gesteigerten Bewusstsein in ein neues Leben mit neuer physischer Hülle, eurem Körper, zu gehen. Es findet Wachstum um Wachstum statt, das Bewusstsein vergangener Inkarnation bleibt in euch erhalten, und ihr macht im neuen Dasein neue Wachstumserfahrungen und neue Bewusstseinserfahrungen, indem ihr auch hier wieder eure Mitte sucht, Schicht um Schicht, Wahrheit um Wahrheit!

So dürft ihr euch nicht vorstellen, dass ihr nun im neuen Leben die gleiche Hülle wieder habt, dass ihr in der gleichen Umgebung wieder seid und dass ihr die gleiche oder die identische Zwiebel seid! Nein, jedes irdische Sein ist anders, und dies ist von Gott so gewollt. Wer dagegen verstößt und Gleiches, auch biologisch Gleiches oder genetisch Gleiches, herzustellen versucht, begibt sich in den Bereich des rein göttlichen Schöpfertums und überschreitet die Grenzen des den Menschen Erlaubten. Die Folgen sind verheerend, sie sind unüberschaubar und zeigen den Menschen in katastrophaler Weise ihre Wahrnehmungslosigkeit und ihr Überhören der inneren Stimme, die jedem, wirklich jedem Menschen gegeben ist.

So dürft ihr nun, meine Lieben, Leben um Leben als eine Schule des Bewusstseins, als die Wahrheit eures Lebens erkennen. Eine Schule, in der ihr Klasse um Klasse, Bewusstsein um Bewusstsein, Stufe um Stufe in immer wieder neuem physischem Körper, aber mit dem Gewinn *aller zurückliegenden Inkarnationen*. Diesen tragt ihr mit euch, und keiner davon geht euch jemals verloren.

So seid im Frieden mit euch, mit Gott und mit allem, was ist, wenn ihr immer wieder dahin geführt werdet, manchmal auch dahin geschubst werdet – wenn ihr zuvor darum gebeten habt –, in euch zu gehen, nach innen zu schauen, nicht im Äußeren die Lösung für eure Schwierigkeiten zu suchen, sondern die Lösung in eurem Inneren zu finden. Dort, und dies sagen wir in aller Deutlichkeit jenen, die jetzt zweifeln mögen, dort findet ihr *immer* die Lösung für jene Probleme oder Aufgaben, die euch von außen entgegengetragen werden. Das Universum, die Erde, das Leben auf der Erde ist unausweichlich so organisiert, dass jeder von euch früher oder später all diese Bewusstheitsschulungen erfolgreich durchläuft. Es gibt keinen Ausweg aus dem Universum. Wer sein Leben als zu schwer und unerträglich findet, wer die Tür der Lösung in seinem Inneren nicht erkennt, und wer sein Leben vorzeitig beendet, der wird im neuen Leben neue Gelegenheit bekommen, die nicht gelöste Aufgabe zu lösen. Ein Ausweg ist die Selbsttötung nicht, ein Aufschub ist es.

So bittet uns, wenn ihr meint, nicht weiterzuwissen, wenn ihr nicht weiterwisst, bittet uns um Hilfe, und ihr werdet sofort unsere Hilfe haben. Suchet, wenn ihr in Not seid, nicht im Außen nach Lösungen. Euer Weg, meine Lieben, ist ein Weg nach innen. Hierhin wollen wir euch begleiten. Und, auch das wollen wir euch hier wieder sagen: Uns findet ihr nicht im Außen, uns findet ihr nicht in einer Organisation, in einem Raum an einem Ort, uns findet ihr in eurem Inneren. Wir sind immer bei euch. Wir verlassen euch nie! Wir sind immer bereit, euch zu helfen, wenn ihr uns braucht.

So nehmt dieses Bild der Wahrheit in euch auf, integriert es und erkennt, dass Wahrheit, je nach Bewusstseinsstand, verschiedene Gesichter haben kann. Die letzte Wahrheit, ihr Lieben, steuert ihr alle an, gewollt oder ungewollt. Ihr seid Bestandteil des göttlichen Plans.

So suchet die Wahrheit, die für euch gegenwärtig Bedeutung hat, in euch, und ihr werdet einen leichten Weg gehen. Lasset euch nicht abhalten von jenen Schreiern, die meinen, sie hätten die Wahrheit gefunden und ihre Wahrheit sei die Wahrheit aller.

Ihr seid Kinder des Lichts, und ihr habt alles in euch, was ihr braucht. Findet es. Ihr seid reich, überaus reich. Erkennet den Reichtum in euch und nehmt Schicht für Schicht des Bewusstseins und wachset mit jeder neuen Wahrheit, die euch durch euer Nach-innen-Sehen zuteil wird.

Das, meine Lieben, ist die Offenbarung der Wahrheit, die euch führt auf sicherem Weg zur letzten Wahrheit, die sein wird die Einheit mit dem Lichte, mit der Liebe, mit der Wahrheit Gottes.

Wisset: Ihr seid geliebt, und ihr seid auf dem Weg zur Wahrheit. So freuen wir uns über euch und jede neue Wahrheit, die ihr (in euch) erkennt.

Ihr seid gesegnet!

Kapitel 18

Suchet die Kommunikation mit uns

Geliebte Kinder des Lichts, seid gegrüßt!

So sind wir heute gekommen, um euch spüren zu lassen, dass wir immer da sind. Ihr, meine Lieben, seid Menschen, die aus ihrer menschlichen Perspektive und aus der Zwangsläufigkeit menschlichen Daseins die Dinge betrachten, die sie für Wahrheit halten. So könnt ihr euch vorstellen, ihr seid ein Empfangsgerät, ein Empfangswesen, das sich einstellt auf das, was es empfangen möchte, selbststeuernd also. So wisst ihr, wenn ihr empfangt, dass es existiert, dass es da ist, was ihr empfangt. Was ebenfalls eurer menschlichen Art entspricht, ist, dass ihr im Augenblick des Empfangens glaubt, dass das, was ihr nicht empfangt, nicht da sei! Und so ist euer innerer Empfangsfokus eingerichtet auf die Wellenlänge dessen, was ihr zu empfangen euch eingestellt habt. Dennoch sind andere, zahlreiche andere Wellenlängen gleichzeitig vorhanden, die ebenfalls und zur gleichen Zeit existieren und senden und bereit sind, empfangen zu werden. Da ihr sie aber in eurer Gegenwart nicht zu empfangen bereit seid, existieren sie für euch nicht.

Wie nun, ihr Lieben, könnt ihr uns empfangen, uns, die wir kommen aus dem Licht und die wir das Licht sind, und wie könnt ihr sicherstellen, dass nicht Störsender in euren Empfangskanal gelangen? Wie könnt ihr sicherstellen, dass nicht Schattenwesen es sind, auf die ihr eure Frequenz eingestellt habt?

Ruft nach uns und nennt uns mit NAMEN, wenn ihr uns erreichen möchtet. Nochmals: Wisset, dass ihr alles empfangen könnt, was an Empfangbarem existiert. Auch Wesen der Finsternis wollen euch erreichen und senden ständig, und ihr empfangt sie, wenn ihr dazu bereit seid. So seid ihr diejenigen, die entscheiden, wen ihr empfangt. So ist es wichtig, eure Einstellung nicht nach irgendeiner Stimme auszurichten, die ihr eben „zufällig" empfangen habt, sondern handelt bewusst! Sprecht uns an mit unserem Namen und bittet um Schutz vor Schattenwesen, vor Angriffen und um Schutz vor solchen Energien, die kommen, die aber nicht die Liebe Gottes bringen.

So geben wir euch eine Schutzformel, die ihr täglich anwenden könnt; wenn sich euer Bedürfnis danach meldet, auch mehrmals täglich:

„Ich bitte um Schutz all meiner Seinsebenen. Ich bitte um Schutz vor Angriffen, um Schutz vor Schattenwesen, um Schutz vor Energien, die kommen, aber nicht die Liebe und nicht das Licht Gottes bringen. ES SEI SCHUTZ! Nur Wesen göttlichen Lichts und göttlicher Liebe sind jetzt um mich. Ich danke für diesen Schutz. Ich bitte zu empfangen Licht und Wahrheit von: .... (hier nennst du den Namen des Wesens, von dem du empfangen möchtest)."

Wenn du nicht sicher bist, von wem du empfangen möchtest, dann überlasse es der göttlichen Führung und sage:

„Ich überlasse es der göttlichen Führung, welches Lichtwesen Verbindung zu mir sucht. Ich bitte um ein Wesen des göttlichen Lichts und der göttlichen Liebe."

Bist du nicht ganz sicher, ob du wirklich ein Lichtwesen empfängst, so wiederhole diese Formel, nenne aber nun den Namen dessen, den du erreichen möchtest.

Wisse! Wir sind immer bereit, euch zu erreichen und euch zu führen, euch zu geleiten und euch zu beraten. Wir sind immer bereit, euch zu erreichen, und wir sind immer in Sendebereitschaft. Es gab nicht eine einzige Sekunde in deinem Leben, in der wir nicht bereit gewesen wären, euch zu Hilfe zu sein. Wir sind die allerorts und allezeit bereite Energie göttlichen Lichts und göttlicher Liebe, die euch führen und begleiten will, unermüdlich. Denn Ermüdung gibt es bei uns nicht. So suchet täglich die Anbindung an uns ganz bewusst, stellt euren Empfang ein auf uns, auf Sananda, Erzengel Michael, Gabriel, welchen Erzengel oder welchen Meister, Cherubim oder Seraphim ihr wählen wollt. Wir alle warten ständig darauf, mit euch in Kommunikation treten zu können. So bedient euch dieses Geschenks, indem ihr ohne Telefongebühr uns anrufen könnt und sicher sein könnt: Wir sind immer zu Hause.

So gibt es auch Gelegenheiten, in denen wir zu euch sprechen, ohne dass ihr uns anruft. Wir geben euch Zeichen und Informationen an wichtigen Stellen eurer Entscheidungsfreiheit, wenn es darum geht, euch vor neuen karmischen Verbindungen zu warnen, wenn es darum geht, Geschenke zu erkennen und Heilungschancen zu erkennen.

In allem aber sollt ihr wissen: Wir sitzen ständig da und warten auf euren Anruf, und wir sind hoch, hoch erfreut, wenn ihr mit uns Kommunikation herstellt. Mit dieser energetischen Ausrichtung auf uns, mit der ihr euren Empfang auf uns einstellt, ihr Lieben, stellt ihr bereits eine überaus große Lichtenergie her, die, bevor wir nur ein Wort zu euch gesprochen haben, euch überreichlich Licht und Wahrheit, Erkennen und Leichtigkeit herstellt. Denn ihr seid es, ihr Lieben, die sich damit auf das Licht zubewegen, ihr seid es, die ihr Leben in die Hand nehmen und ihm eine Richtung geben. Ihr seid die Meister eures Lebens, wenn ihr unseren Lichtkanal aufsucht, indem ihr euch für uns öffnet.

So dürft ihr es noch einmal wissen: Mit jedem Klingelton von euch ist große Freude bei uns, in den Reichen des Lichts, ja, mit jedem Anklingeln von euch löst ihr in den Reichen des Lichts große Freude aus! Und so erkennt in diesem Tun eure Macht und eure Wirkung, die ihr auf der Erde doch über so lange Zeit unterschätzt habt. Ihr seid die Baumeister der Evolution! Ihr seid die Tätigen auf eurem Planeten, die dessen Entwicklung und eure Entwicklung ins Licht voranbringt. Wir unsererseits können nur beratend wirken. Handeln können wir nicht. Wir haben keine Hände.

So seid euch der Größe eures Seins und eurer Wirkung immer wieder aufs Neue bewusst, Geliebte, ihr seid die, die wir hier feiern um jeden Schritt, den ihr tut. Ihr seid die Gesegneten, die sich bereit erklärt haben, diesen Planeten in die nächste Dimension zu begleiten, und ihr seid ausgestattet mit allem, was euer göttliches Sein braucht, um diesen Prozess zur Vollendung zu bringen. Es sind keine Engel und keine Erzengel, die diese Lichtarbeit auf Erden vollbringen können. Ihr, die ihr mit eurem Eintritt in das Menschsein vergessen habt, wer ihr in Wahrheit seid, ihr seid die Auserwählten des Lichts, die bereit sind und befähigt sind, jeder auf seinem Platz zu seiner Zeit zu tun, was ihm zu tun aufgetragen wird.

Und so seid bereit, täglich und mehrmals täglich, bewusst zu uns Verbindung herzustellen, damit wir euch jene Eingebungen hinüberschicken können, die ihr gerade benötigt.

Ist es nicht ein wunderbares Geschenk, diese direkte Verbindung, unmittelbar ans Licht?

Freut euch und ruft uns an! Wir feiern euch gern, und eure Freude ist unser Zeichen an euch. Wir erwarten euren Gesprächswunsch!

Kapitel 19

Innenleben – Außenleben

Seid gegrüßt, ihr lieben Kinder des Lichts, die ihr begierig seid, die Geheimnisse des Lebens zu erfahren! So freuen wir uns, und die Wesen der Liebe und des Lichts sind voller Freude darüber, dass ihr uns auf diese Weise aufsucht, um von uns aufzunehmen, wie das Leben in Wahrheit, wie euer Leben in Wahrheit sich gestaltet nach den Gesetzen des Universums.

So hat jeder von euch zahlreiche Gelegenheiten erhalten, zu erkennen, wie die Gesetze des Lebens in Wahrheit euer Leben regeln oder, wir dürfen auch sagen, wie ihr euer Leben nach den Gesetzen des Universums gestaltet.

Tatsächlich ist es so, und ihr habt es schon oft gehört, ihr seid Schöpfer eures Lebens auf Erden, ihr kreiert, wie euer Leben verläuft. Oft schon habt ihr dies ansatzweise erkannt und wart verblüfft darüber, dass manche Dinge sich so ergeben haben, wie ihr sie euch gewünscht habt. Nach den Gesetzen eures Verstandes und eurer Wissenschaft hätte dies so nicht sein können. Dennoch ist es geschehen, und ihr habt es erkannt als ein Wunder, nicht aber als Gesetzmäßigkeit. So haben wir immer und immer wieder Angebote gemacht an euch, ihr Lichtkinder, Angebote und Geschenke, die euch die Gesetzmäßigkeit eures Wirkens zeigen sollten.

Durch allerlei Glaubenssätze in euren Köpfen und in eurem Unterbewusstsein jedoch habt ihr diese unsere Geschenke aber auch immer wieder verhindert. Denn euer Glauben im Bewusstsein und im Unterbewusstsein und eure Zweifel sind es gewesen, mit denen ihr die Energie des Erfolges umgeleitet habt.

So dürft ihr euch vorstellen, dass wir euch ein wunderbares Gelingen in einer außerordentlich schwierigen Sache ans Herz gelegt haben, ans Herz, weil vom Herzen aus das Geschehen, die Umsetzung aus der Vision in das reale Gelingen stattfindet. Seid ihr einverstanden mit dem Gelingen dieser schwierigen Sache, habt ihr keine Zweifel, nicht im Bewusstsein und nicht im Unterbewusstein, so kann und muss die kosmische Energie geradlinig euer Vorhaben bis zur Vollendung unaufhaltsam zur Vollkommenheit bringen. Habt ihr aber Zweifel, im Bewusstsein oder Unterbewusstsein, so führt ihr die kosmische Energie in die Irre! Fehlt dir im Bewusstsein der Glaube, dass dein Vorhaben gelingt, hast du also UNglauben an das Gelingen, so führt die kosmische Energie, an die du angebunden bist, deinen UNglauben aus. Das Vorhaben wird nach deinem UNglauben ausgeführt, es wird nicht gelingen. Hast du, was nun schwieriger zu beeinflussen ist, im Unbewussten Blockaden, die Erfüllung deines Vorhabens anzunehmen, so wird das Universum die Energie deiner Blockade umsetzen, denn das Universum, das große, ist mit dir verbunden, und du bist mit ihm verbunden. Dein Vorhaben wird entsprechend deiner unbewussten Eingabe nach deiner inneren Energie wirken.

So ist es von außerordentlicher Bedeutung, ihr Lieben, dass ihr in eurem Unbewussten aufräumt mit Blockaden und Zweifeln!

Wie nun kann es geschehen, dass du dein Unbewusstes erkennst und aufräumst? Das Wesen des Unbewussten ist es doch gerade, dass es nicht ins Bewusstsein steigt!

So haben wir euch in vielen vorangegangenen Kapiteln und in euren Leben Geschenke über Geschenke aufgezeigt, die euch deutlich machen, was sich aus dem Unbewussten meldet: Ärger, Wut, Missgunst, Aggression, Angst, jene Emotionen, für die ihr gerne andere verantwortlich macht! Danket eurem Schöpfer, dass er euch so eingerichtet hat, dass euer Unbewusstes über Emotionen in euer Bewusstsein hinaufsteigt. Denn hier sind sie nun sichtbar, fühlbar, hörbar, wahrnehmbar. So sagen wir euch noch einmal: Seid dankbar für jede aufsteigende Emotion, die euch ins Bewusstsein steigt! Dann nehmt sie an und löst sie auf (Kapitel 13). Dann ist jene unbewusste Beeinflussung eures Wünschens, Planens, Handelns, Arbeitens aufgelöst, und euer Energiestrom kann in ungestörter Verbindung mit dem Universum kommunizieren und dessen Wirkung klar und eindeutig anfordern.

Ja, das Universum ist jederzeit bereit, euch zu unterstützen. Es unterstützt euch und hat euch bisher auch immer, immer ununterbrochen unterstützt und genau eure Signale und Aufträge ausgeführt. Nur seid ihr euch dessen immer wieder nicht bewusst oder nicht mehr bewusst, wie stark die Störungen sind, die ihr in ein und derselben Sache immer wieder abschickt, so dass das Universum oftmals diesen, dann jenen, dann wieder diesen, dann jenen und wieder diesen euren Plan verfolgt, je nachdem, wie euer Denken in eurem Inneren sich gestaltet, zweifelnd, schwankend, unsicher in Frage stellend.

So könnt ihr nun verstehen, weshalb es von allerhöchster Bedeutung ist, dass ihr euer Innenleben in Ordnung bringt und klärt. Kein Baumeister kann ein Gebäude in Schönheit und Festigkeit und nutzbringend erschaffen, wenn der Plan während des Baus immer wieder geändert und wieder geändert und nochmals umgedacht wird.

Ihr seid die Schöpfer eures Lebens und eurer menschlichen Gegenwart. So ist die Geklärtheit in eurem Inneren das, worauf es ankommt, wenn ihr ein Vorhaben in die Tat umsetzen wollt. Nichts, ihr Lieben, gar nichts geschieht von eurer Hand, nichts geschieht, was mit euch zu tun hat, ohne euer Zutun durch Denken, Fühlen, Bewusstsein, Zweifeln und Unbewusstsein. Deshalb haben wir euch so oft schon gesagt, dass ihr alles, was ihr braucht, in eurem Inneren findet.

Nun aber sage ich euch auch: Alles, was ihr schafft, erschafft, was euch gelingt, was euch nicht gelingt, schafft ihr im Inneren. So ist auch hier wieder alles, alles, was euch begegnet, was ihr erfahrt, was ihr erlebt, erduldet, was euch erfreut, begeistert, erhebt, alles ist in eurem Inneren zuerst vorhanden. Euer Inneres ist der Anfang aller Dinge, die ihr im Außen erlebt. Euer Inneres ist der Anfang dessen, was ihr lebt. Euer Inneres spiegelt sich im Außen. Euer Außen zeigt euch, was es im Innen noch zu tun gibt.

DER MIKROKOSMOS IN EUREM HERZEN IST DER MINIATURPLAN EURES MAKROKOSMOS IM AUSSEN. So, ihr Lieben, werdet ihr auf wunderbare Weise geführt, damit ihr im Außen sehen könnt, wie es in eurem Inneren aussieht.

So versucht ihr gar nicht erst, Berge zu versetzen, weil ihr nicht daran glaubt, dass euch dies möglich ist. So sage ich euch nun auf andere Weise: Wenn ihr die Mauern, die Blockaden, die Zweifel in eurem Mikrokosmos aufgelöst habt, dann gibt es auch im Außen keine Berge mehr zu überwinden.

Löst die Berge, Ängste, Emotionen, Hindernisse, Blockaden im Kleinen, im Inneren, dann gibt es auch keine Berge im Außen mehr, denn ihr habt die Berge im Außen versetzt. So, ihr Lieben, ist unser Satz aus früherer Zeit gemeint, und so ist er umzusetzen!

Könnt ihr euch erinnern an das, was wir im Kapitel Wahrheit gesagt haben? Die verschiedenen Schichten der Zwiebel finden sich auch hier wieder. Die Wahrheit im Äußeren und die Wahrheit im Inneren. Beide sind sie Wahrheiten. Wahrheiten in verschiedener Gestalt. Die kleinere im Inneren, die größere im Außen, und beide ergeben eine Einheit. Im Inneren liegen die Erfahrungen durchlaufener Bewusstheitsprozesse, auch die Ängste und Blockaden vergangener Inkarnationen, die sich nun als eure innere unsichtbare Wahrheit im Außen als Misslingen oder Gelingen eines Vorhabens aus unbewusster Angst oder Blockade manifestieren.

Verurteilt euch nun nicht, wenn ihr erkennt, dass in eurem Außen Chaos herrscht! Seid dankbar dafür, dass wir euch nun am Ende dieser Zeit in intensiver Weise behilflich sind, Licht und Wahrheit in euer Schöpferdasein zu bringen. Wachet auf und erkennt wieder und seid dankbar, dass wir euch nun jenes Geheimnis des menschlichen Lebens offenbart haben, das zu erkennen ihr unzählige Inkarnationen, Angebote, auch Sonderangebote hattet, und zwar kostenlos! Wir beschenken euch mit unbezahlbarem Wissen über die Dinge, mit denen ihr eure Schöpferkraft nun bewusst in die Hand und ins Herz nehmen könnt. Und nun beobachtet euch, ihr Lieben, wie all eure Pläne lückenlos und vollkommen in Erfüllung gehen. Ihr seid in eurem Schöpferdasein unfehlbar! So nehmt es an und schöpft und schöpft und schöpft und schaut euch eure Schöpfung an!

Ihr alle, meine Lieben, seid wunderbare Meister der Schöpfung in Vollkommenheit. Nun gilt es, Meister des Lebens zu werden, indem ihr genau das erschafft, und nur das, was ihr wirklich schaffen wollt, ohne irgendeine verborgene Umleitung.

Ihr seid geliebt
und werdet begleitet von uns,
ihr Meister der Schöpfung!

Kapitel 20

Lebet die letzten Tage dieses Zeitalters mit allen Sinnen

Seid gegrüßt, geliebte Kinder des Lichts! So sind wir zu euch gekommen, um euch aufzuzeigen, was aus den Zeiten unseres Lebens, unseres Verweilens auf der Erde sich zugetragen, euch aber vorenthalten worden ist!

So ist es Wahrheit, dass euer Leben aus dem Inneren seine Kraft und Energie gewinnt, aus Emotionen, aus Sinnen, aus Sinneswahrnehmung, aus Erleben, und so ist euch auch dieses Wort in dieser Sprache so gegeben: erleben! Ihr arbeitet, ihr erarbeitet, ihr schafft, ihr erschafft, ihr trinkt, ihr ertrinkt.

So ist das Erleben das völlige Eintauchen in das Leben mit allen Sinnen. Glaubet nicht, ihr Lieben, dass jene, die das Leben zu kürzen suchen durch Beschneidung von Freude, durch Verminderung von Genuss, durch Verkleinerung von Lebensfreude und Vergnügen des Sinns, die Sinne des Lebens begriffen hätten. Nein, unser Leben auf eurer Erde als Jesus von Nazareth war ein Leben, das nur so stattfinden konnte, weil die Sinne meines Körpers geöffnet waren. Unser Leben auf dem Planeten Erde war ein Leben, dass mit geöffnetem Herzen und geöffneten Sinnen, mit ALLEN Sinnen stattgefunden hat! Wie anders hätten wir empfangen können, was in den Menschen vorgeht, wie anders hätten wir die Anbindung an den Vater aufrechterhalten können, wenn wir nicht mit unserem ganzen Sein offen gewesen wären? So seid euch dessen bewusst, dass wir in unserem Leben Freude, Genuss, Liebe, Vergnügen, Leichtigkeit ebenso angenommen haben wie das Ende! Das Annehmen aller Lebensemotionen haben wir euch geheißen! So, wie ihr abspaltet jene Emotionen von Angst, von Wut, von Aggression, so lebt ihr nicht die andere Seite eurer irdischen Lebenspolarität! Denn auch hier, ihr Lieben, ist das kosmische Gesetz der Ausgleichung von Polarität wirksam. Ihr könnt nicht die Freude in aller Fülle leben, wenn ihr nicht habt die Offenheit für deren Gegenpol!

So findet eure wahre Entfaltung des Lebens statt in größerer Ausdehnung, als ihr sie euch vorstellen könnt. Eure Ängste und Erfahrungen von schmerzhaften Emotionen in vergangenen Inkarnationen mochtet ihr nicht aufsteigen lassen, so habt ihr den Komplex eurer Emotionalität größtenteils reduziert. Eure Freude ist ein kleines bisschen Freude, eure Lust ist eine ganz kleine, winzige Lust, die wir mit der Lupe suchen müssten.

So ermuntern wir euch, da ihr nun die Gesetze des irdischen Lebens in diesem Zeitalter kennt, lebt euer Leben in der gesamten Fülle eurer Emotionen. Sie sind euch von eurem Schöpfer gegeben, und ich erinnere euch an euer Recht, das Leben in seiner ganzen Fülle zu erleben!

Habet nun keine Angst vor dem Gegenpol, denn ihr wisst nun, dass der Gegenpol für euch in dieser Zeit und gerade in dieser Zeit nur Befreiung bringen kann: Befreiung von verborgenen, abgespaltenen, verdrängten und versteckten Emotionen. Habet den Mut, den Gegenpol zu erfahren, denn er bedeutet Reinigung durch aufsteigende Emotionen für euch. Alle, alle Emotionen, die nicht angenommen sind, müssen aufsteigen vor dem Neuen. So habt ihr nun die Wahl, dieses wunderbare Geschenk anzunehmen, mit der Annahme der Freude, des Lichts in eurem Leben, mit der Annahme des Genießens, des Liebens und der unbegrenzten

Fülle eurer Emotionen ihr im Gegenpol Heilung herbeilebt. Ist dies nicht ein wunderbares Geschenk, wenn wir euch sagen, die Lichtseite zu leben, vollkommen auszuschöpfen; in Unbegrenztheit zu erleben bedeutet Reichtum auf der einen und Heilung auf der anderen Seite!

Gerade in den letzten Tagen dieses Zeitalters wird dies bei euch allen geschehen, und so seid in Freude über diese eure Zukunft, die euch mit überaus reichen Geschenken bedenkt. So ist die Zeit nun bald zu Ende, in der die Polarität gelebt werden muss, und alles, was noch im Verborgenen sich aufhält, muss nun in die Einheit gebracht werden. So lebt, ihr Kinder des Lichts, lebt euer Leben in Freude, in Licht, im Genießen, in der Wiederentfaltung all eurer Sinne, denn diese stehen euch ebenfalls bereit, eure Wahrnehmung zu steigern auf allen Ebenen.

So sind auch die feinsten Sinneswahrnehmungen von Bedeutung, die ihr habt und die ihr oft als Täuschung oder Einbildung abtut. Wie oft schon haben wir versucht, in euer Wahrnehmungsfeld Einlass zu bekommen, und wenn ihr offen wart für uns und uns empfangen habt, habt ihr unsere Eingabe abgetan als eure Einbildung, als Fata Morgana eures verwirrten Gehirns! Nein, wir möchten Kommunikation mit euch aufnehmen und bitten euch um Öffnung in jeder Hinsicht. Das Leben, das es für euch zu ER-leben gilt, ist ein Leben der Sinne, der menschlichen Sinne.

So wisset, dass wir, die wir körperlos unsere Energie sind, in unserem Zustand des Seins nicht die Möglichkeit haben, diese menschlichen Sinne von Kosten und Schmecken, von Riechen, von Hören, Fühlen, Sehen und Tasten zu ER-leben. Seid euch bewusst, dass diese Vorzüge euch Menschenkindern vorbehalten sind und dass ihr uns nicht beneiden müsst um unsere Fähigkeiten! Wir, ihr Lieben, entbehren dieser Sinnlichkeit, denn wir haben keinen menschlichen Körper.

Haben wir euch nicht gegeben Meister der Sinne, damit ihr erfahrt Meisterschaft auf Erden in Vollendung? Haben wir euch nicht gegeben Meister der Musik, inspiriert von Göttlichkeit, die die Schwingung göttlicher Freude und göttlichen Lichts eure Sinne eintauchen lässt wie ein Vorgeschmack, als vorweggenommene Erfahrung und zur Schulung der feinsten Sinne? Hier ist die Schwingung nun wirklich von euch auch physikalisch erfahrbar, die euch einstimmt in die Schwingung des Lichts.

So haben wir euch gegeben begnadete Köche, die ihre Genuss-Inspiration auf die Art des Schmeckens euch zukommen lassen. Inspiration der Sinne, der Zunge, des Geschmacks, des Fühlens, Tastens, Beißens, Schluckens, all das sind weltliche Erfahrungen der Sensibilisierung der feinsten Wahrnehmung, die euch schulen in der Empfänglichkeit und der Wahrnehmung feiner und feinster Informationen.

So haben wir euch gegeben wunderbare kulinarische Köstlichkeiten zu trinken und zu schmecken, den Wein und viele andere Getränke, die ihr mit eurer Feinfühligkeit in euch aufnehmen dürft, angereichert mit Energien und Informationen aus der Sonne. So ist gerade der Wein auch angereichert mit Licht, ihr Lieben! So schaut auch durch dieses Getränk, haltet es gegen das Licht, um auch auf diese sinnliche Art des Sehens das Licht in eurer Nahrung zu erkennen und zu achten. Erkennet das Licht und die Sonne mit all ihren Informationen im Wein, erkennt sie mit den Augen und erkennt sie mit eurer Intuition, bevor ihr ihn in euch aufnehmt und er in euren Zellen wirksam wird!

Wir haben euch geschickt begabte Männer, die die Sinne eurer Nase wecken, durch Kompositionen von Düften in den Formen, die ihr in eure Aura sprühen oder euch benetzen, ja sogar mit ihnen waschen könnt. Auch die Form von glühenden Stäbchen verschiedener Duftwirkung, je nach eurem individuellen Bedürfnis, haben wir euch zukommen lassen.

So vergesst auch nicht die Farben, mit denen ihr euch umgebt! Nutzet sie zur Erfüllung eurer Sinne. Die Öffnung eurer Sinne, ihr Lieben, ist euch gegeben zur Fülle eures Lebens und zur Öffnung eures Wesens. Nehmet in Fülle, nehmet reichlich von all den Geschenken, die eure Sinne euch jeden Augenblick eures Seins ER-leben lassen. Taucht ein in das Leben, taucht ein in das ER-leben. Taucht und tauft euch mit den Geschenken der irdischen Sinnesfülle!

Und so seid euch auch bewusst, dass diese eure Körper einzigartig sind und nicht jedes Lichtwesen diese menschliche Erfahrung des Lebens kennt! So achtet und benutzt eure Körper, ausgestattet mit großartigen Sinnessensoren, als wunderbare Mikrokosmen im Universum, die in sich wiederum einen noch kleineren Mikrokosmos tragen. Und der Zustand eures Körpers zeigt euch, in welchem Zustand euer Mikrokosmos im Herzen ist. Jede Kraftentfaltung, jede Krankheit, bis hin zum Krebs, zeigt im Makrokosmos des Körpers, in welchem Zustand der Mikrokosmos im Inneren ist.

So lebt euer Leben nun in der Bewusstheit, dass das Leben ER-lebt werden will. So seid ihr geschaffen, und es ist kein Irrtum und keine schöpferische Unachtsamkeit oder Ungeschicklichkeit gewesen, dass ihr mit so vielen Sinnen für das Leben auf der Erde ausgestattet worden seid. Benutzt eure

Sinne, wie ihr Hände und Füße, wie ihr Zähne und Muskeln benutzt. Benutzt euren ganzen Körper, solange ihr ihn noch habt!

Erlebt euer Leben in der ganzen Fülle eures irdischen Daseins. Es ist euch gegeben!

Wir grüßen euch
und freuen uns über jedes Erlebnis,
das ihr mit euren Sinnen ER-lebt!

Kapitel 21

Euer Leben in der Zukunft

Seid gegrüßt, ihr Lieben, wir freuen uns, dass ihr hören und lesen möchtet, was ihr erwarten dürft. Zunächst aber dürfen wir euch sagen: Wir haben euch erwartet!

So habt ihr schon gemerkt, dass wir aufeinander warten: Wir warten auf euch, ihr wartet auf uns! So ist dies ein Zusammentreffen, das von zwei Seiten aus stattfindet. Wir suchen die Begegnung mit euch, ihr suchtet die Begegnung mit uns. Und so, meine Lieben, dürft ihr euch in Freude vorstellen, geschieht das, was kommen wird! Das Getrenntsein, das ihr immer wieder in den Hunderten von Jahren zu empfinden geglaubt habt, die Gottesferne ist in Wahrheit nicht die Ferne gewesen, wie sie in eurer Wahrnehmung stattgefunden hat oder wie sie euch von Kirchen- und Glaubensfürsten gepredigt worden ist. Ihr dürft euch vorstellen, dass die Göttlichkeit ganz, ganz dicht immer bei euch war und immer noch ist. Sie hat nie aufgehört, nah zu sein.

Es war lediglich ein dünner, hauchdünner Schleier vor euren Augen gehängt, der so leicht ist, dass jeder Windhauch hindurchgeht, der so durchsichtig ist, dass das Durchscheinen so leicht ist, dass die Trennung wirklich nur wie eine Trübung im Blick sich ergibt, nicht aber eine Trennung als Grenze. So ist es für viele unter euch leicht gewesen, durch diesen Vorhang hindurchzuschauen und die Göttlichkeit mit eigenen Augen ein wenig verschleiert zu sehen. Wer aber hindurchgegangen ist durch diesen Schleier, der wird keine Berührung mit ihm gespürt haben. So leicht ist er in Wahrheit.

So haben andere jedoch diesen Schleier gesehen als eine Trennung, stark wie eine dicke Mauer, wie die einer Burg oder wie die, die einen Angreifer fern halten, sich selbst aber in Schutz und Sicherheit gehalten haben wollten. So ist jener Schleier ganz einfach das, was jeder Einzelne darin sehen wollte: ganz leichte Durchgangsmöglichkeit oder Trennung aus Angst vor dem, was von der anderen Seite her kommt.

So sage ich euch heute: Dieser Schleier ist der Schleier der Maya, der sich dem Menschen auch als Spiegel seines Glaubens zeigt. Ist Angst in ihm vor der anderen Seite, sucht er Schutz und manifestiert seine Angst. Ist er frei, so geht er einfach hindurch, denn er öffnet sich dem, der erahnt hat, was sich dahinter zeigt.

So sage ich euch heute auf diese Weise, ihr Lieben: Eure Ängste, eure Blockaden, eure Alltagssorgen sind Illusionen. Sie sind keine Mauern, sie sind keine Trennwände, und sie sind keine Hindernisse im Hürdenlauf des Menschendaseins. Sie sind eure Schöpfung, die ihr mit allerlei Kunststücken der Illusion manifestiert habt.

So ermuntere ich euch, jene Erfahrung nun zu machen, die jeder zu machen sich in tiefer Wahrheit sehnt: die Aufhebung aller Begrenzungen. So ist ein Schleier keine Grenze, so ist ein Schleier keine Abtrennung, so ist ein Schleier keine Barriere, und sie kann euch nicht aufhalten. Wenn ihr auf diese Illusion zugeht, wenn ihr diese Illusion als solche erkennt, dann habt ihr sie durchschaut, dann habt ihr durchgeschaut. Es ist buchstäblich des Rätsels Lösung, ihr Lieben: Wenn ihr erkannt habt eure hausgemachten Wände, wenn ihr erkannt habt eure Illusionen, wenn ihr erkannt habt eure Ängste, wenn ihr all dies nicht als Abstandshalter zu eurer Göttlichkeit mehr anschaut, dann ist der Abstand in weniger als einer Sekunde verschwunden. Ihr seid die Schöpfer dieser Gottesferne, unter der ihr leidet, und ihr seid die Schöpfer der Gottverbundenheit, die ihr in Sekundenbruchteilen herstellen könnt.

So ermuntern wir euch von unserer Überschau aus, so geben wir euch alle Hilfe in dieser Endzeit, so benutzen wir die Stimmen vieler Menschen, um durch sie zu sprechen, und wir benutzen die Kanäle immer zahlreicher werdender Menschen und geben ihnen ein, was sie schreiben mögen: unsere Worte in ihren Kanal, in ihr Schreibgerät, auf dieses Papier, von dem du liest. Gibt es eine schönere Möglichkeit, ihr Lieben, die unmittelbare Hilfe von unserer Seite an euch in gesprochenen Worten und in geschriebenen Büchern zu lesen? Habt ihr euch nicht schon oft gewünscht, uns direkt hören und befragen zu können zu den Dingen, die ihr in eurem Leben nicht versteht? Hunderte Male, ihr Lieben, habt ihr diesen Wunsch in eurem Herzen getragen, und Hunderte Male habt ihr euch nach der Zeit gesehnt, in der wir als Jesus von Nazareth über den Planeten gewandelt sind und den Menschen von Angesicht zu Angesicht, den Situationen der Zeit entsprechend, geantwortet haben, was ihr Herz zu wissen sich ersehnt hatte.

Heute nun, in dieser Zeit, meine Lieben, sind auch andere Wege von uns vorbereitet, um möglichst viele von euch zu erreichen, mit ebenden Mitteln eurer aktuellen Zeit. Und so sagen wir euch immer wieder und immer wieder auf eine andere Weise, je nach der Art des Annahmecodes, den ihr in euch tragt oder den ihr euch zugelegt habt: Eure Lasten sind Illusionen, so wie es eine Illusion ist, dass unser Leben mit dem Tod zu Ende war, und so, wie es eine Illusion ist, dass euer Leben mit eurem Tod endgültig ein Ende hat.

Lasst fallen, ihr Lieben, die Schleier der Illusionen und Ängste! Glaubet nicht, dass all diese Dinge euch in der Zukunft begleiten werden! Die Zukunft für euch ist eine Zukunft der Freiheit und des Schöpfertums! Ihr habt in der gegenwärtigen Zeit der steigernden Erdfrequenz die Möglichkeit wie nie zuvor in den vergangenen 2000 Jahren, euch dieser eurer Fähigkeiten wieder zu bemächtigen. Die neue Erdenergie ist der Rückenwind für das Segelschiff, dessen Segel ihr nur nach dem Wind ausrichten müsst. Der Wind gibt von Natur aus die richtige Richtung an! So bitten wir euch: Leistet keinen Widerstand gegen die Geschenke des Universums und der Natur! Alles geschieht jetzt nach Gottes Plan und in Gottes Führung sowie vor unmessbar langer Zeit von Energieführungen geplant. Alles vollzieht sich in vollkommener Weise, ihr braucht nicht einmal einen Segelschein zu haben. Erkennt die Richtung des Windes, wir lenken euch! Ist das nicht eine wundervolle Zukunft?

Ist es nicht wundervoll, die Schöpferkraft eures Seins nun wieder benutzen zu können, keine Angst mehr zu haben vor einer Inquisition, vor Verfolgung? Ja, auch in zurückliegenden Zeiten gab es im Licht Stehende, die ihre Schöpferkraft und ihre Intuition, ihre Anbindung an Gott in vollkommener Weise gelebt haben. Sie sind verfolgt und von irdischen Richtern gerichtet worden, die vorgegeben haben, göttlich zu handeln. Und sie sind wiedergekommen, die Seher, die Heiligen, die Gottverbundenen und die Schöpfer ihres Lebens, so wie wir nach kurzer Zeit unser Grab verlassen haben, um zu zeigen, dass keine Furcht zu sein braucht vor dem Tod durch die Richter der Gottesferne. All diese Verfolgung, Angst, diese Tode werden nicht mehr sein in dieser Zeit, da für die alte Zeit das Ende gekommen ist, und sie werden nicht mehr sein in der kommenden Zeit. Und so freuet euch und danket für dieses Wissen, das wir euch hiermit gegeben haben, denn Dank zieht an, wie ihr wisst.

Zieht an mit eurem Dank die Zukunft, in der ihr all die Mühsale und Vergeblichkeiten, die Verwirrung und Orientierungslosigkeit im täglichen Menschenleben habt leben müssen. Das Ende dieser Zeit ist auch das Ende der Dualität. Die Einheit ist nun im Anzug, sie ist die Richtung, die vorgegeben ist vor Äonen und die sich nun zur Vollendung neigt. So werdet ihr frei sein, die ihr Inkarnation um Inkarnation euch bemüht habt und Erfahrungen gemacht habt, die ihr Todesängste, Hunger, Not, Kälte und alles an Dualität in dem Maße erfahren habt, das eurem Licht entspricht.

So sind jene Enthaupteten, Gefolterten, zu Tode Gequälten die, die in höchstem Lichte gestrahlt haben und noch immer strahlen und sich ihres Lichts nach der Erderfahrung von Bewusstheitsschulung in Gegenpol und Einheit und Friede gehen werden.

So könnt ihr euch vorstellen eure Zukunft als die neue Epoche der zivilisatorischen Evolution, in der alle Belastungen von euch sind und ihr in völliger Bewusstheit schafft, erschafft in Verantwortung und mit dem Rückenwind Gottes.

Ihr Lieben: Eure Vorstellung von dem, was auf euch zukommt, übertrifft alles eure Gehirne Vorstellbare. Nichts könnt ihr in eurer gegenwärtigen Vision erdenken, was an Freude, Leichtigkeit und Himmelsdasein dauerhaft euch erwartet. Eure Arbeit, eure Mühsal haben sich gelohnt. Ihr werdet belohnt in Nutzbarmachung eurer Schöpferkraft, mit Liebe in grenzenloser Fülle, mit Glückseligkeit ohne Ende.

Nehmt an, magnetisiert herbei die Freude über das Neue, dessen Größe schließlich alles, alles umfasst, was ist!

So seid ihr gesegnet, seid in Freude, feiert euch, feiert euer Weitergehen, euren Erfolg, der den gesamten Planeten mitverändern wird. Wenn ihr dies tut, dann denket daran: Wir feiern mit euch!

Kapitel 22

Findet miteinander das Licht

Seid willkommen, ihr Lieben, die ihr das Licht nun sucht! Seid willkommen in der Vielzahl eures Seins.

Und so möchten wir euch mit diesem Kapitel eine weitere Hilfe geben aus der Vielzahl eures Seins, die euch ins Licht verhilft, einen Hinweis, den ihr alle schon erfahren habt in irgendeiner Weise und der unter euch Menschen schon immer überaus starke Wirkung gebracht hat, was immer ihr erschaffen habt: Findet euch zusammen in meinem Namen, um euch aufzurichten aus der Selbsterniedrigung. Findet euch zusammen in meinem Namen, um euch Heilung zukommen zu lassen. Findet euch zusammen, um die Energie des Lichts in verstärktem Maße zu erfahren und zu spüren. Wenn viele von euch sich zusammengefunden haben, um Heilung zuzulassen, so sind wir in jedem Einzelnen von euch, und jeder Einzelne von euch erfährt mich ganz bewusst. So ist die Energie, die wir euch bringen, bei euch vervielfacht, verdichtet und konzentriert.

Diese Konzentration, ihr Lieben, dürft ihr nutzen, und wir empfehlen euch ausdrücklich, euch in Heilungsgruppen, Lichtarbeitergruppen, in lichtvollen Versammlungen zusam-menzufinden. In der Bewusstheit und der kollektiven Bereitschaft zum Aufstieg und zur Leichtigkeit und zum Loslassen wird in dieser großen, vielfachen Energie eure Heilung beschleunigt und erleichtert. Ihr werdet gemeinsam angehoben, die Lichtschwingung, die wir jedem Einzelnen bereitstellen, addiert sich zu einer sehr starken, großen Lichtenergie, in die ihr dann alle eingetaucht seid. In diesem Eingetauchtsein habt ihr nun Energien zur Verfügung, die in dieser Kraft global erst später die Erde erreichen werden. So seid ihr in dieser Lichtdichte, in dieser Lichtkugel eine Energie, die weitere Energie auf die Erde herbeiholt. Ihr seid wirkungsvolle Lichtarbeiter, außerordentlich wirkungsvoll im Herbeischaffen von Licht auf den Planeten Erde.

In dieser erhöhten Lichtenergie seid ihr schneller, viel schneller einer Heilung zuzuführen, und ihr seid leichter bereit, Heilung zuzulassen und das Alte loszulassen. So seid ihr, wenn ihr euch in kollektive Lichtvereinigung begebt, doppelt beschenkt, und deren Wirkung erfahrt ihr sofort!

Freilich bin ich in jedem von euch, wenn ihr euch in einer großen Menschenansammlung befindet. Freilich bin ich bei euch, wenn ihr euch unter beliebigen anderen zusammenfindet. Jede Ansammlung von Menschen ist eine Ansammlung von Energie. Jene Menschenmassen, die willkürlich sich zusammengefunden haben, sind jedoch nicht bewusst offen für uns. Sie haben sich nicht bewusst uns zugewandt, und so ist deren Energie diffus, unklar, vielfältig und nicht ausgerichtet auf uns!

Wisst ihr aber auch, welche weiteren Energien sich noch verborgen halten unter diesen diffusen Menschenmassen? Wisst ihr, was an Fremdenergien, was an Energieraub, was an finsteren Energien sich dort auch befinden kann?

Umgebt euch zum Schutz vor unwillkommenen Energien mit einer bewusst geschaffenen Lichtaura, in die ihr euch vollkommen einhüllt, damit ihr geschützt seid vor Energien, die nicht des Lichtes sind.

So ist die Energie, die wir euch schicken, wenn ihr in meinem Namen euch zusammenfindet, eine vollkommen reine Energie, die ungetrübt ist von Störungen und frei von jeglicher Verunreinigung. Diese Energie in vollkommener Lichtheit ist in einer Weise wirksam, dass alles, was euch selbst in der angehobenen Erdschwingung loszulassen bisher nicht gelungen ist, nun möglich ist.

So empfehlen wir euch auch, Hilfe anzunehmen von solchen Menschen, die eine Brückenfunktion haben zwischen uns und denen, die noch Suchende sind. Es sind Menschen, die ausgestattet sind mit dieser direkten Verbindung zu uns. Das sind Menschen, die ihr als Heiler bezeichnet, als Medium, als irdische Engel, Lichtbringer, Hellseher und Channel. Diese sind in direkter Verbindung mit uns und empfangen von uns direkte und klare Informationen darüber, was zu erkennen, was zu sehen, was loszulassen es gilt und der Auflösung welcher Blockaden es bedarf.

Gegenwärtig werden immer mehr dieser Mittelsmenschen von uns ausgebildet, und es werden täglich mehr, die den klaren, ungetrübten Anschluss an uns herstellen.

So lasset euch führen von uns, wenn ihr verzweifelt seid, wenn ihr glaubt, nicht weiterzuwissen. So erkennt in uns jene leise Stimme, jene Zufälle, jene merkwürdigen Ereignisse, die euch führen zu jenen, die euch Hilfe zu geben befähigt sind. Es ist an euch, ihr Lieben, diese leise Stimme, diese Zufälle, dies Fügung zu erkennen und anzunehmen. Besonders jene unter euch, die ein starkes Opferverhalten verinnerlicht haben, tun sich schwer, dieses Verhalten aufzugeben, und werden die Stimme und Fügungen nicht annehmen wollen. So sage ich diesen: Es ist die Stimme des Lichts, die Stimme der Wahrheit und der Führung, die sich bei euch meldet. Lasst *Zwei*-fel beiseite. Keiner, keiner ist auf diesem Planeten, der ver-*zwei*-felt ist und dem wir nicht zahlreiche Signale, Botschaften, Stimmen und Fügungen geschickt hätten. In großer Liebe wenden wir uns jedem zu, der stecken zu bleiben droht, der sich erschöpft glaubt und meint, nicht weitergehen zu können. Jeder der Ver-*zwei*-felten hat die Hilfe in unmittelbarer Nähe. Das Erkennen und das Annehmen dieser Hilfe ist seine Blockade. Das Sich-Verabschieden aus dem Opferdasein ist die Lösung aus seiner irdischen Katastrophe.

So dürft ihr auch jene Menschen aufsuchen, die Heilung in Gruppen anbieten, solche, die sich zum Gebet zusammenfinden, die sich zur Freude zusammenfinden. Im Bewusstsein, dass ihr Sananda um Anwesenheit bittet, öffnet ihr euch, und unsere Energie kann einfließen in ungeminderter Fülle.

Prüft die Menschen, prüft auch Geistwesen, wenn ihr Zwei-fel habt, ob sie im Lichte sind. Fragt sie, ob sie im Lichte Sanandas oder eines anderen Lichtwesens sind. Ihr dürft sie dreimal fragen, und ihr dürft schauen, ob sie diesen Fragen standhalten. Beobachtet ihre Augen, ihre Pupillen! Verändern sie sich? Wenden sie den Blick ab? Senden sie Liebe aus? Sprechen sie die reine Wahrheit, auch die irdische Wahrheit? Binden sie dich?

Nicht alle, die vorgeben, ins Licht zu führen, sind von uns dazu befähigt. So darfst du prüfen, wem du dich anvertraust oder ob du dich einem Menschen auslieferst.

So freuen wir uns über jene Lichtkinder, die in Gemeinschaft das Licht auf die Erde bringen, sie erhellen, und wir beschenken sie doppelt mit starker Heilenergie und Freude.

Seid im Licht!
Seid miteinander!
Seid das Licht der Welt!
Ihr seid es!

Kapitel 23

Ihr seid das Licht der Welt.
So traget das Licht in die Welt!

So seid gegrüßt, ihr Kinder des Lichts! So grüße ich euch, ihr Lieben, die ihr euch dazu bekannt habt vor dieser Inkarnation, das Licht in die Welt zu tragen. Seid gegrüßt, und jeder Gruß von uns ist ein Lichtfeld um euch, mit dem wir euch einhüllen in das Licht.

So machet euch nun auf, ihr, die ihr nun Wissende seid, die ihr nun ausgestattet seid mit dem, was zu eurer Lichtträgerschaft gehört, und mit dem Wissen und der Kenntnis der Gesetze, die wirksam sind, wenn ihr gereinigt werdet. Seid gegrüßt durch unser Licht und nehmt es an, um frei zu werden von dem, was Inkarnation auf Inkarnation, wie jene Zwiebelschichten Tiefe um Tiefe, ihr mitgenommen und verinnerlicht habt, was aber in Wahrheit nicht zu euch gehört.

So seid nun reines, klares, ungebrochenes Licht in der Klarheit, die vom Höchsten ausgeht. Ihr habt erfahren die Polarität nach den Gesetzen, die der Erde gegeben sind, und ihr werdet nun erfahren das Licht in der ganzen Fülle, und ihr seid das Licht.

So gehet in die Welt, Tag für Tag, und lasst euer Licht leuchten durch euer Sein. Die Klärungen, die ihr erfahrt im Laufe des gegenwärtigen Wandlungsprozesses, werden euch versetzen in einen Zustand vollkommener Reinheit und Klarheit des Sehens und Erkennens durch alle Schleier der Maya hindurch.

So gehet hin und seid Licht! Ihr seid das Licht der Welt! Und es gibt keinen Zufall und keinen Unglücksfall, der den göttlichen Plan hätte stören können, so dass du, mein liebes Kind, dieses Buch in die Hand bekommen hast. Es ist göttliche Führung und göttlicher Wille und es ist in der Tiefe deiner Manifestation dein Wille, und dein Plan, dass du all diese Informationen für dich angezogen hast.

So seid Licht auf dieser Erde, die euer Licht braucht, um den Transformationsprozess so schonend wie möglich zu vollziehen. Holt das Licht auf die Erde in all den Variationen und all den Übungen und Versionen, die wir euch beschrieben und genannt haben. Jede eurer Heilungen, Klärungen des Nachbarschaftskonflikts in dir, der Elternthemen, die du durch deine Eltern erfahren hast, an die dich deine Eltern erinnern wollten gemäß eurer Vereinbarung, jede Partnerschaftserfahrung und Partnerschaftsklärung ist ein Vorgang des Lichtbringens auf die Erde. So seid ihr doppelt beschenkt in eurem Tun.

Nehmet an, was wir euch seit langem schon angekündigt haben zu bringen. Die große Veränderung, der Evolutionsschritt, das Ende dieser Zeit vollzieht sich.

So verankert Licht auf Erden, wo immer ihr seid. Euer Alltag möge beginnen mit der Erwartung und dem Vorhaben, an jedem eurer Aufenthaltsorte dieses neuen Tages Licht zu sein und Licht zu hinterlassen.

So öffnet den Himmel über euch in unserem Schutz, erbittet unsere Hilfe und Anwesenheit. Holt das Licht herab und verbindet es mit dem Erdmittelpunkt. Lasst es durch euch hindurchfließen und erzeugt damit eine Lichtsäule, die den Kosmos des Lichts mit dem Erdzentrum verbindet. Dann könnt ihr weitergehen, und eure Lichtsäule wird bleiben, wo ihr sie verankert habt.

Tut dies, ihr Lieben, in allem, was euch euer Tagesablauf ermöglicht: euer Haus, eure Wohnung, euren Arbeitsplatz, das Restaurant, in dem ihr euch einen erquickenden Abend des Genießens mit euren Sinnen gönnt. Überall, wo ihr das Licht hinterlasst, werdet ihr sehen, seid ihr künftig willkommen.

So verbindet ihr Tag für Tag die Erde mit der Liebesenergie, die sie braucht, und die die Menschen benötigen, um den laufenden Prozess zu erleichtern. Ihr werdet sehen, welche Heilung, welche Geschenke des Lichts euch auf eurem Weg begegnen werden. Kein Gegenpol wird euch die Qualen vergangener Inkarnationen mehr erleben lassen. Jetzt ist die Zeit der Einheit gekommen, in die ihr als Erste gehen dürft, wie ihr es beschlossen habt. Denn was habt ihr zu fürchten in einer Zeit der Finsternis, wenn ihr Licht seid?

Wir lieben euch, wir begleiten euch, wir schützen euch.

Nehmt von dem Licht und der Liebe, die wir grenzenlos und unerschöpflich euch bereithalten. Bedient euch aus den kostenlosen Vorräten, die euer sind. Wandelt euch um in das, was ihr in Wahrheit seid. Ihr seid das Licht der Welt. Bringt es auf die Erde! Traget das Licht in die Welt!

Ihr werdet unendlich geliebt.
Wir sind immer bei euch.

Sananda

Verzeichnis der Anleitungen und Übungen

Über den Autor

1992 hatte ich eine starke, sehr eindrucksvolle Eingebung und wünschte mir damals weitere Bilder, Erkenntnisse und ständigen Zugang zu Informationen aus den Reichen des Lichts, zum Wissen und zum Sehen, wie Jesus gewusst und gesehen hat.

In den folgenden Jahren hatte ich weitere Begegnungen, erhielt Informationen, Kenntnisse auch künftigen Geschehens in immer kürzeren Abständen.

Durch Unterstützung meiner Partnerin und durch göttliche Führung nahm mein spirituelles Wachstum mehr und mehr zu.

Immer wieder und zuverlässig bekam ich in den folgenden Jahren auf persönliche Fragen unmittelbar und unverzüglich direkte, klar formulierte Antworten.

An meinem 53. Geburtstag war es, als ich schließlich in einer Durchsage die Nachricht erhielt, dass ich in Kürze ein Buch schreiben werde, dass es mir von Sananda, der Christusenergie, durchgegeben und dass es sehr schnell fertig gestellt sein wird. In weniger als zwei Monaten war das Manuskript fertig und liegt nun als eine Folge von 23 Durchsagen mit dem Titel „Sananda spricht" vor.

Ein weiteres Buch mit Durchsagen von Maria, Konfuzius, den Erzengeln Michael, Raphael, Gabriel und von Sananda hat die Begleitung der Menschen in der gegenwärtigen Zeit des Wechsels, das Aufzeigen der „Einheit spricht" zum Thema und geht während der Drucklegung dieses Buches seinem Abschluss entgegen. Ein drittes Buch wurde mir angekündigt.

Ich wünsche jedem Leser, jeder Leserin die Bereitschaft zum Annehmen der Veränderungen, die nun kommen werden. Ich wünsche ihnen allen jenes Vertrauen in die göttliche Führung, das auch mir dazu verholfen hat, den Weg dorthin zu gehen, wo ich mich heute befinde.

Joachim Hausmann

Natara
Gespräche mit Erzengel Michael, Band 3

Die zehn Gebote, so wie sie von Moses vermittelt wurden, waren eigentlich zehn Einweihungen, die den Menschen bei der Wiederentdeckung ihrer Göttlichkeit halfen. So erklärt es uns Erzengel Michael in dem dritten Band der Buchreihe: ‚Gespräche mit Erzengel Michael'.

Erzengel Michael veranschaulicht durch das Medium Natara den eigentlichen Wesensgehalt dieser zehn Einweihungen. Wir erfahren, wie diese Einweihungen auf uns Menschen wirken und wie die heutigen Gebote zu verstehen sind.

Neben Erzengel Michael sprechen auch Maria, der Meister Babaji und Franz von Assisi. Babaji beschreibt die Notwendigkeit, das Wissen der Geistigen Welt zu verbreiten und Franz von Assisi beschreibt in seiner herzlichen und liebevollen Art das Bewusstsein der Tiere. Schließlich werden die Seelenländer der Menschen in diesem Buch noch ausführlich beschrieben.

Kamasha Verlag
ISBN-10: 3-936767-02-5
ISBN-13: 978-3-936767-02-5

Hörbuch
Gespräche mit Erzengel Michael, Band 3

Um ein wirkliches Gefühl für die Wirkungskraft der Engel, ihrer Schönheit, unendlichen Liebe und Größe zu entwickeln, ist es wundervoll ihren Worten lauschen zu können. Das Buch gibt es daher auch als Hörbuch. Natara und ShivaRa lesen die ersten fünf Kapitel des Buches „Gespräche mit Erzengel Michael, Band 3" über die 10 Gebote. So berühren und bereichern die gesprochenen Worte unsere Herzen.

Kamasha Verlag
ISBN-10: 3-936767-82-3
ISBN-13: 978-3-936767-82-7

Natara
Das Handbuch zu den Kamasha Essenzen

Natara, der Autor dieses Buches, ist seit 1998 Medium für Erzengel Michael und für weitere Engel und Meister aus der Geistigen Welt. Er empfing von Erzengel Michael den Auftrag die Kamasha-Essenzen in die Welt zu bringen.

Die Kamasha-Essenzen halten viele Themen für dich bereit, die dich auf dem Weg zur Entfaltung deines Potenzials und deines inneren Friedens auf sanfte und liebevolle Weise begleiten. Die Kamasha-Essenzen sind eine neue Energieform. Die kosmischen Energien von Erzengel Michael werden mit Hilfe einer Mischung aus Wasser und Alkohol gebunden. Mittlerweile gibt es 118 Kamasha-Essenzen.

Zu jeder Essenz hat Natara von Erzengel Michael einen Text empfangen. Die Texte zu den Kamasha-Essenzen sind in diesem Buch veröffentlicht. Es bietet eine kraftvolle Unterstützung für jeden, der die Essenzen anwendet.

Kamasha Verlag
ISBN-10: 3-936767-10-6
ISBN-13: 978-3-936767-10-0

Informationen über die Kamasha Essenzen erhältst du bei der:

Kamasha Versandhandel GmbH
Rheingoldstraße 1
55413 Manubach
Telefon: (0 67 43) 94 73-20
Telefax: (0 67 43) 94 73-29
www.kamasha.de
love@kamasha.de

Weitere Veröffentlichungen im Kamasha Verlag

Jürgen Graf
Wege zur Wahrhaftigkeit

Wege zur Wahrhaftigkeit beschreibt den Weg zu einem authentischen, kraftvollen und inspirierenden Leben. Wir erinnern uns daran unseren Körper zu heiligen, unseren Geist und unsere Seele zu verwöhnen.

Mut und Vertrauen, Respekt und Akzeptanz, Neugierde und Ehrlichkeit bilden die Grundlage für ein Fortschreiten auf diesem Wege und somit auch dieses Buches. Der Leser wird durch Grafs humorvolle Zitate und das tiefe Vertrauen, was er in den Menschen hat, in seinem Bestreben tief gestärkt und unterstützt.

Am Ende der Reise durch dieses Buch ist er wahrhaftig im Land des Seins angekommen, kraftvoll – im Wissen, um die Macht des Geistes – gestaltet er sein Leben. In dem Bewusstsein, dass das Leben – sein Leben – JETZT geschieht und in dem Wissen, dass wir alle, als Teil der Natur, miteinander vernetzt sind, erfreut er sich des Lebens. Frei von Hass, Stolz, Gier, Neid, liebt er die Menschen und die Menschen lieben ihn.

Kamasha Verlag
ISBN-10: 3-936767-21-1
ISBN-13: 978- 3-936767-21-6

Weitere Veröffentlichungen im Kamasha Verlag

Rita Schenk
Oslom und seine Reise zur göttlichen Ordnung

Aufregung belebte den Planeten, denn der Tag war gekommen an dem die große Veranstaltung stattfand. Seit einiger Zeit bereiteten sich Hunderte von Menschenseelen auf diesen Tag vor: Die Inkarnation auf der Erde. Auch für Oslom, von dem diese Geschichte handelt, ist es der Beginn einer wundersamen Erkenntnisreise: Oslom wurde in seinem Ursprungsseelenland Sirius von großen Meistern gelehrt und entscheidet sich dann bewusst für alles, was er zur Inkarnation auf die Erde mitnimmt, um seine Aufgabe zu erfüllen, Heilung zu erfahren und anderen zu helfen.

Als Künstlerin empfing Rita Schenk neun Bilder aus der Geistigen Welt. Sie zeichnete die kosmischen Farbenspiele auf Papier und entdeckte später, dass sie – alle aufeinander aufgebaut – den Rahmen einer gechannelten Geschichte bilden. Heute sagt sie dazu: „Für mich ist die Frage, woher ich komme, wohin ich gehe und was das Leben für einen Sinn hat, beantwortet."

Kamasha Verlag
ISBN-10: 3-936767-23-8
ISBN-13: 978-3-936767-23-0

Kamasha Verlag · Rheingoldstr. 1 · 55413 Manubach · Tel.: (06764) 30109-1 · Fax: (06764) 30109-9